# Identidades
*en español*

**BRINGING REAL SPANISH TO LIFE**

**2B**

Units 6-10

## Student Book

Equipo **Identidades**

© Editorial Edinumen, 2021
© Authors: Marina García and Jesús Esteban
© "Pronunciación y ortografía" Authors: Aarón Pérez, Manuel Rosales and María Sabas

ISBN - Student Edition: 978-84-91796-17-6
Depósito legal: M-19819-2021
10 9 8 7 6 5 4 3 2 1 MUR 21
First published 2021
Prind date: 0621
Printed in Spain by Gráficas Muriel

**Series Consultant:**
Norah L. Jones

**Editorial Coordination:**
María José Gelabert and Mar Menéndez

**Design:**
Juanjo López, Sara Serrano, Carlos Casado and Elena Lázaro

**Cover Design and Layout:**
Juanjo López

**Illustrations:**
Carlos Casado

**Recording Studio:**
Producciones Activawords

**Video series:**
*Hostal Babel*, created and produced by Edinumen

**Photo Credits:**
**Pág. 94:** Bicicletas recicladas: Por cortesía de http://supercheria.es/blog/reciclaje-upcycling/; **Pág. 97:** Mercadillo: Paul McKinnon, Shutterstock.com; **Pág. 112:** Paneles publicitarios: Lissandra Melo, Shutterstock.com; Celular: PixieMe, Shutterstock.com; **Pág. 140:** Gloria Estefan: s_bukley, Shutterstock.com; **Pág. 141:** Juan Luis Guerra: Miguel Campos, Shutterstock.com; Chavela Vargas: Miguel Campos, Shutterstock.com; Julieta Venegas: Kathy Hutchins, Shutterstock.com; Marc Anthony: Everett Collection, Shutterstock.com; Ricky Martin: Everett Collection, Shutterstock.com; Shakira: DFree, Shutterstock.com; **Pág. 148:** Barca de refugiados: Malcolm P Chapman, Shutterstock.com; **Pág. 151:** Refugiados: Janossy Gergely, Shutterstock.com; Inmigrantes en Grecia: Ververidis Vasilis, Shutterstock.com; **Pág. 157:** Fila del concierto: Sundry Photography, Shutterstock.com; Maratón: James Kirkikis, Shutterstock.com; **Págs. 158 y 159:** Tienda de comercio justo: Martien van Gaalen, Shutterstock.com; Granja de seda natural: Joanne Jean, Shutterstock.com; Recolección de té en la India: Maximum Exposure PR., Shutterstock.com; **Pág. 163:** Recolección de cacao: Joseph Sorrentino, Shutterstock.com; **Pág. 170:** Penélope Cruz y Javier Bardem: Andrea Raffin, Shutterstock.com; **Pág. 172:** Jugadoras de fútbol: Paolo Bona, Shutterstock.com; **Pág. 176:** Manifestación 8 de marzo: Lorenza Ochoa, Shutterstock.com; **Pág. 177:** Inmigrantes: Ironwas, Shutterstock.com; Estela de Carlotto: Barna Tanko, Shutterstock.com; Grupo de mujeres: Barna Tanko, Shutterstock.com.

**Edinumen USA Office**
1001 Brickell Bay Drive Suite 2700
Miami 33131, Florida
Telephone: 7863630261
contact@edinumenusa.com

All rights reserved. No part of this book may be reproduced, transmitted, stored, or used in any form or by any graphic, electronic, or mechanical means, including but not limited to photocopying, recording, scanning, digitizing, or information storage and retrieval systems, without the prior written permission of the publisher.

# Identidades en español

Welcome to your new Spanish experience!

With **Identidades en español**, you will:

- Apply you own experience, knowledge, and opinion in the contexts of each Unit.
- Use accurate, meaningful Spanish from the beginning as a tool for self-expression.
- Receive authentic input and be able to share your own ideas through authentic communicative output.
- Participate in lively intercultural and linguistic communities.
- Experience the beauty of the diversity, as well as the unity, of the Spanish-speaking world.

You'll experience beauty, rich context, quality media, and an immersion experience on every page. Find your own voice in Spanish by applying what you learn immediately to express your own life and thoughts.

Unique to **Identidades en español**, you'll find authentic, context-centered examples from the worldwide Spanish Corpus of the Real Academia Española. Use this tool to immerse yourself in the living and variety-filled nature of Spanish — and to choose, if you wish, a path of language focus for your own future.

You'll have opportunities on every page to reflect on and compare your own cultural products, practices, and perspectives with those of the diverse Spanish-speaking world. By doing so, you'll truly participate as a global citizen from the very first days of your course, and gain confidence to study for fluency and proficiency to make Spanish a tool for your life and work.

Welcome to your Spanish experience, to your identity as a multilingual world citizen. Welcome to **Identidades en español**.

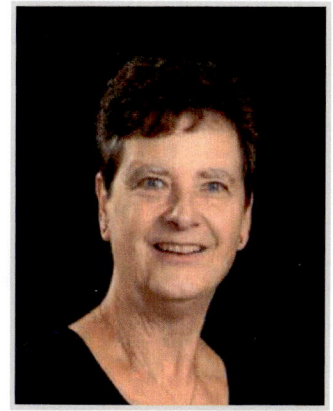

Norah L. Jones

Introduction

# Identidades *en español*

Enter into a Spanish course that brings contemporary Spanish to life through active learning. Students will enjoy Spanish and become lifelong language learners.

## Powerful instructional design

**Identidades en español** combines **context- and task-based learning** that integrate student experiences and knowledge.

This approach facilitates learning, **carefully scaffolding content** so that, when faced with tasks, students already have all the tools necessary for success.

From the start, students are **active participants** in their own learning, and develop their own "Spanish tool kit" to express themselves clearly and effectively at all times.

## The role of the Corpus of the RAE (Corpes XXI and CREA)

In order to incorporate language models that mirror real-life usage, **Identidades en español** includes **authentic extracts** taken directly from the Corpus of the RAE (Real Academia Española), labeled according to their region of origin. These extracts, which appear next to the instructional models, demonstrate clearly and powerfully to students the **richness** of worldwide Spanish usage. Students see a **living language**, with **variations** of word choice and syntax, culturally-sensitive constructions, grammatical variations, and information on frequency of use —all possible only through access to the great language database of the Corpus[1].

**LÉXICO**

**México › alberca** : *Una casa inmensa, terraza con vista a la playa,* **alberca** *y un piso con sala de estar.*
**Argentina › pileta** : *Por ejemplo, nunca meterse en la* **pileta** *sin avisar a los mayores.*
**Latinoamérica y España › piscina** : *La urbanización dispone de zonas comunes con jardines,* **piscinas** *y pistas de pádel.*

**Frecuencias**, the precursor of **Identidades en español**, was reviewed by the Real Academia Española for linguistic, grammatical, and lexical accuracy.

---

[1] Every example of these tables has been extracted from REAL ACADEMIA ESPAÑOLA: Banco de datos (CORPES XXI) [en línea]. *Corpus del Español del Siglo XXI (CORPES)*. <https://www.rae.es> [2019-2021]

## A global vision of the Spanish-speaking world

Students build both cultural and communication skills through their interaction with **intercultural content** focusing on the products, practices, and perspectives of Spanish-speakers worldwide. **Cultural diversity and insight** is found in all activities, as well as specifically in the Culture feature and in the video series *Hostal Babel*.

Students are immersed in contexts, images, text, and authentic media that demonstrate the **diversity** as well as the **unity** of the Spanish-speaking world. Through the power of Identidades en español, students become part of an intercultural and multilingual global community.

## Attractive and motivating audiovisual material

Identidades en español presents the *Hostal Babel* video series, a situation comedy specifically created for the program. Through an interesting storyline of daily life of five young people from different Spanish-speaking countries, students experience the content of the unit and the linguistic and cultural diversity explored through the Corpus. *Hostal Babel* is fully integrated within the program, providing motivation and models for students throughout.

## Unit Structure

The **Student Book** comes in print, in **eBook** digital format, and with access to the digital expansion and resources on ELEteca. Each level of Identidades en español provides ten instructional units of eight sections each. Each of the eight sections consists of a two-page spread through which students receive multimodal instruction, corpus-informed practice activities, and a culminating application task.

Each of the eight sections has a specific objective:

1. **Presentation** of the unit context
2. **Activation** of students' prior knowledge and experiences
3. **Vocabulary acquisition** presentation and activities
4. **Grammar presentation** and activities
5. Four-skill communication-centered **task-based activity sequence**
6. **Cultural presentation** and activities
7. *Hostal Babel* **video series** with pre-, during-, and post- activities connecting media and unit content
8. Student reflection and **assessment**

Activities are designed for various approaches: individuals, pairs, small groups, and whole-class. Special attention is paid to development of collaborative skills and communicative opportunities. Activities are labeled as follows:

**En parejas**
**En grupos pequeños**
**Todo el grupo**

The Student Book also has a **Pronunciation and Orthography Appendix** with ten sections of presentations and activities that can be used to support communication skill development.

Introduction

# Identidades en español
## DIGITAL RESOURCES

### ELEteca Online Program

ELEteca's online program for **Identidades en español** provides a motivating online environment that invites students to take control their learning by providing a menu of opportunities to practice, apply and extend their linguistic and cultural proficiency.

The integrated instructor-student feedback system is a perfect complement to hybrid and remote coursework in which students develop both communicative and digital skills.

### Aplico.
More than 500 interactive activities for each level that allow students to practice what they learned in every section of the student book.

### Amplío.
Skill-building laboratory helps students improve their listening, speaking, reading and writing skills.

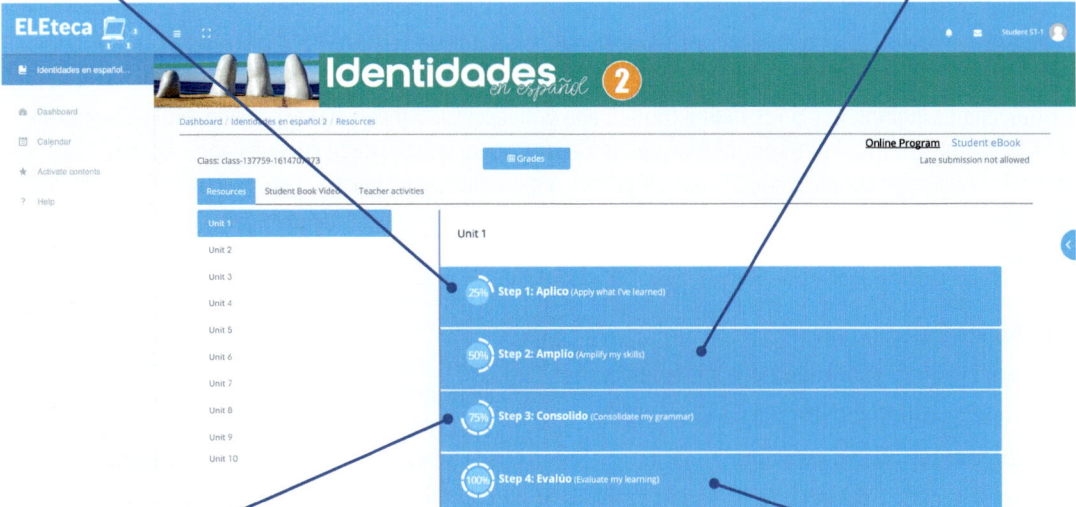

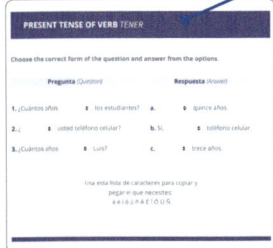

### Consolido.
A compendium of beautifully crafted grammar slides, accompanied with practice exercises helps students to absorb and understand the most significant Spanish grammar topics.

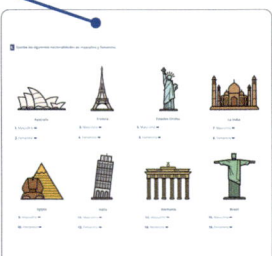

### Evalúo.
Over 250 online assessments included per level to help teachers and students determine their progress on unit content.

INT 6 — Introduction

## Interactive eBook

The Interactive eBook is a sophisticated tool that permits students access to their text and activities wherever and whenever they are.

*The program also includes access to the Student e-book.*

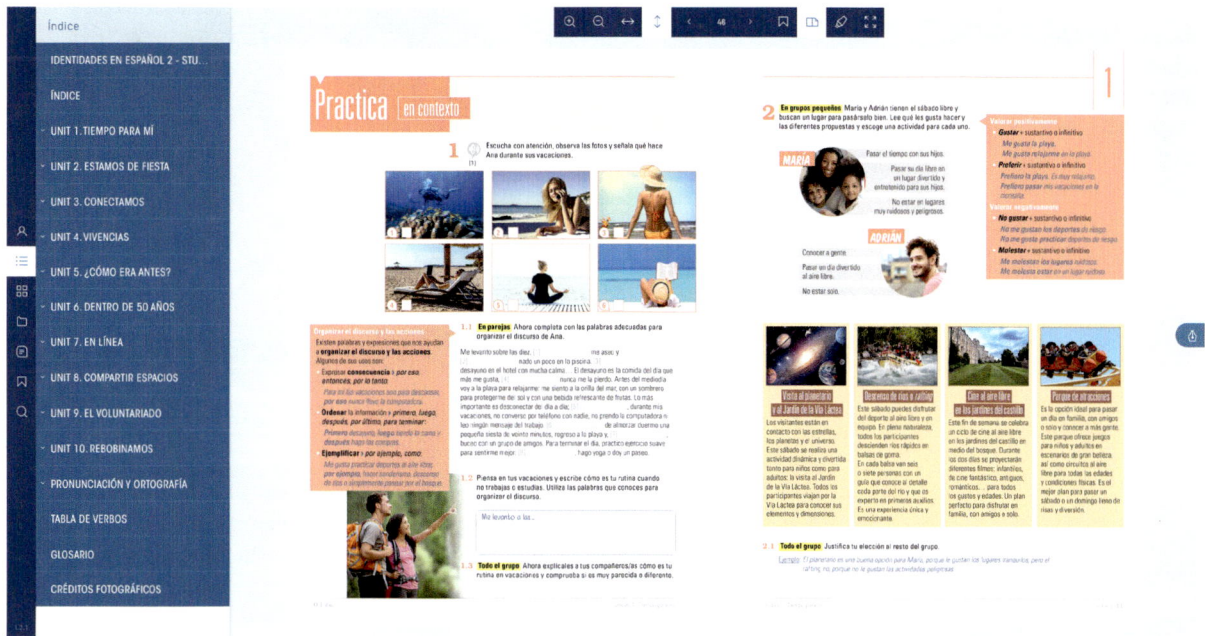

### Fast navigation.
Intuitive, user-friendly access to specific pages and sections, highlighting, and multimedia resources (audio and video).

### Interactive activities.
Auto-correct activities connect student results with the instructor eBook, allowing rapid and effective feedback and assessment.

### "Point-of-use" media.
Multimedia content is accessed directly on the page with the corresponding activity.

### Study aids.
Integrated highlighting and note taking functions provide the student effective tools to take control of personalizing their learning.

### App for offline access

With the Libreria Edinumen app, students can access their eBook even when there's no internet available.

Introduction INT 7

# Unit Structure

**Portada.** Unit Opener summarizes the major objectives of each unit, along with images and questions that introduce the theme and activate motivation.

Cognate-rich questions open with motivation.

Clear learning objectives help students begin with the end in mind.

Recommended configuration of class groupings for activities.

**¿Qué sabes?** Activates previous knowledge and exposes students to the vocabulary, grammatical structures, and cultural elements of the unit.

Corpus tables point out lexical differences between Spanish in Latin America and Spanish in Spain with examples taken from the corpus.

**Palabras.** Lexical activities using contextualized unit vocabulary, designed and sequenced so that students discover words or expressions and learn to combine them and use them in context. This learning is carried out through oral or written texts, images, definitions, semantic tables… allowing students to deduce and interpret meaning.

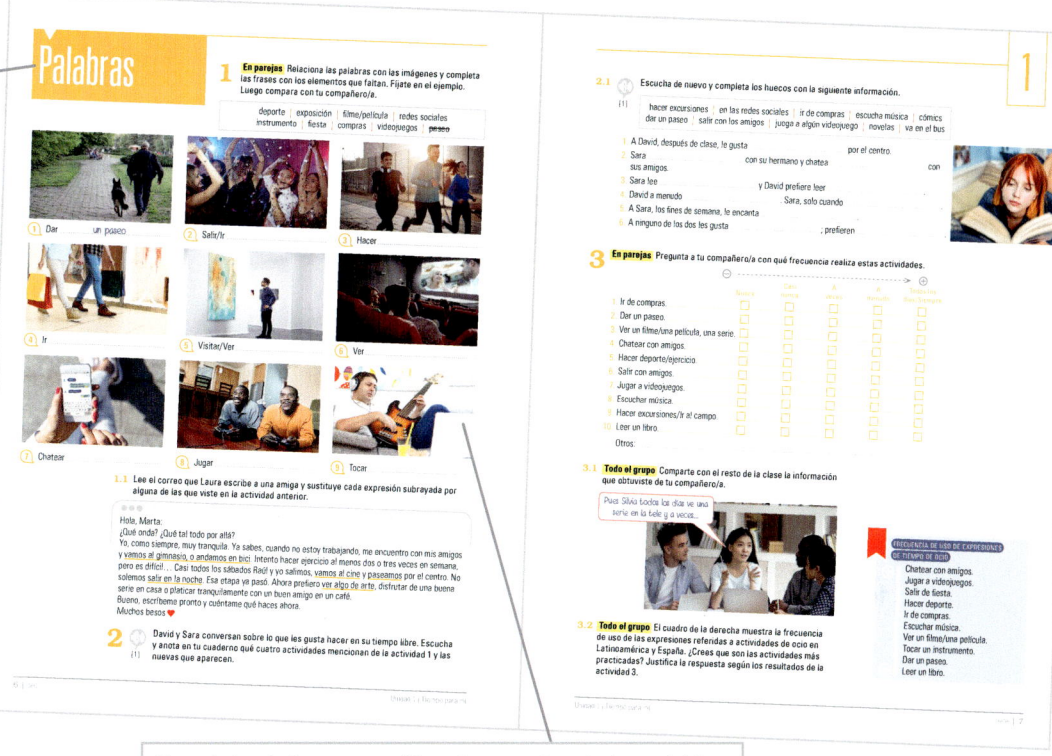

Use of visual elements to aid students as they do the activities.

**Gramática.** Grammar is presented in concise tables to facilitate learning. Students develop grammatical competence through guided practice and scaffolded activities that reinforce the content of the unit.

Corpus tables present information about grammatical concepts (contrast between Spanish in Latin America and Spanish in Spain, frequency of use, regional vocabulary usage, etc.) with examples taken from the corpus.

Call-out boxes highlight or help students remember important content.

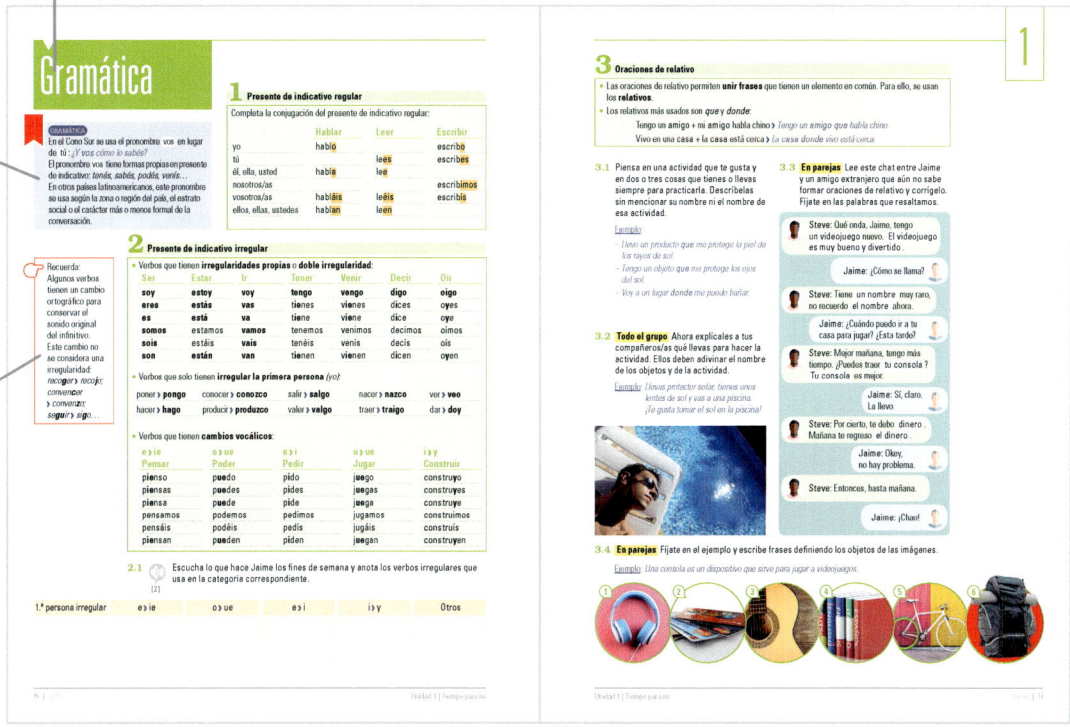

**Practica en contexto.** Students interact through coherent, well-designed, sequential, and meaningful communicative tasks. In completing these, students apply their knowledge acquired up to this point with comprehension and oral and written activities while interacting in various configurations of grouping.

Information boxes are placed at point of use to support students as they complete activities.

**Cultura.** Cultural content is presented in a highly visual and dynamic sequence, with attention to sociocultural issues in Spain and Latin America.

Images, design features, and multiple text formats provide comprehensible input: graphics, diagrams, maps, tourist brochures and other realia.

**Hostal Babel.** This humorous, context-centered video series focuses on the lives of five characters from around the Spanish-speaking world. Students explore diversity in language (word choice, accents, gestures) as well as cultural backgrounds and practices.

Before-, during-, and after-viewing activities allow students to predict, understand, and comment on the story as well as identify and interpret nonverbal communication.

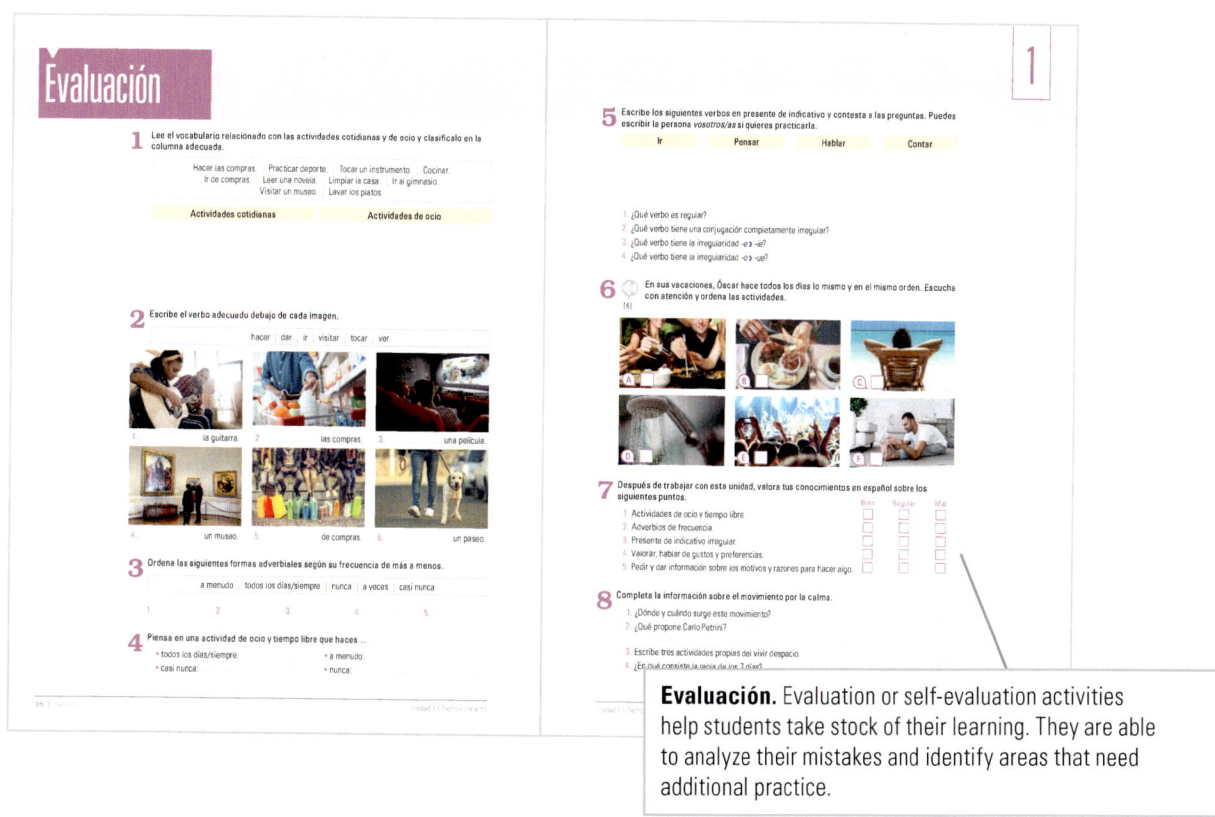

**Evaluación.** Evaluation or self-evaluation activities help students take stock of their learning. They are able to analyze their mistakes and identify areas that need additional practice.

Introduction INT 11

# Scope and Sequence — Level 1

## Part A

| | Comunicación | Gramática | Léxico | Tipos de texto | Técnicas y estrategias | Cultura |
|---|---|---|---|---|---|---|
| **1 Tiempo para mí** pág. 2 | • Hablar de acciones cotidianas y del tiempo libre<br>• Expresar la frecuencia de las acciones<br>• Organizar el discurso y las acciones<br>• Hablar de gustos y preferencias<br>• Valorar positiva y negativamente<br>• Hablar sobre los motivos para hacer algo | • Presente de indicativo regular e irregular (repaso)<br>• Oraciones de relativo con antecedente conocido: *que/donde*<br>• Conectores discursivos<br>• *Para qué › Para +* infinitivo<br>• *Por qué › Porque +* verbo conjugado | • Actividades de ocio<br>• Hábitos<br>• Aficiones<br>• Expresiones de frecuencia<br>• Deportes | • Texto informativo: actividades de ocio<br>• Texto descriptivo: artículo de prensa digital, *Los deportes de moda*<br>• Texto explicativo: pelota vasca<br>• Texto conversacional: chat<br><br>**Video:** *Hostal Babel*<br>• Episodio 1: *Tardes libres* | • Aprender expresiones relacionadas con el ocio según su frecuencia de uso<br>• Aprender léxico a través de la definición de objetos y su uso | • Deportes de moda<br>• El movimiento por la calma |
| **2 Estamos de fiesta** pág. 20 | • Formular buenos deseos<br>• Hacer comparaciones<br>• Pedir y dar opinión y valorar<br>• Proponer planes y hacer sugerencias<br>• Expresar acuerdo y desacuerdo<br>• Contrargumentar o puntualizar | • Comparativos de igualdad, inferioridad y superioridad<br>— Comparativos de superioridad irregulares: *mejor, peor, mayor, menor*<br>• Contraste *ser/estar*<br>• *Me parece + que/* adjetivo/adverbio de valoración | • Comidas y bebidas<br>• Utensilios para comer y beber<br>• Celebraciones y fiestas<br>• Expresiones para formular buenos deseos | • Texto descriptivo: descripción física de personas<br>• Texto conversacional: comparación de objetos y lugares<br>• Texto instructivo: cómo preparar una fiesta sorpresa<br>• Texto retórico: tarjetas de cumpleaños<br><br>**Video:** *Hostal Babel*<br>• Episodio 2: *Lo importante es la tarta* | • Aprender léxico a través de una imagen<br>• Identificar verbos que se conjugan del mismo modo<br>• Aprender léxico y expresiones a partir de la comparación con la lengua materna | • Pirámide de los alimentos<br>• El Día de Muertos y su significado |
| **3 Conectamos** pág. 38 | • Narrar acciones del pasado<br>• Hablar de experiencias vividas o no<br>• Hablar de conocimientos y habilidades<br>• Expresar negación<br>• Interpretar y elaborar un gráfico | • Pretérito regular e irregular<br>• Contraste pretérito/ pretérito perfecto en Latinoamérica y en España<br>• Contraste *ya/todavía no, aún no*<br>• Contraste *conocer/saber*<br>• Negación: *nunca, jamás, tampoco, nadie…*<br>— Doble negación: *No… nunca, ni… ni…* | • Internet y las nuevas tecnologías<br>• Palabras polisémicas<br>• Experiencias vitales<br>• Decimales | • Texto conversacional: encuesta sobre el uso de las redes sociales<br>• Texto narrativo: correo electrónico, viaje a África<br>• Texto descriptivo: experiencias vitales<br>• Texto gráfico: uso de internet<br><br>**Video:** *Hostal Babel*<br>• Episodio 3: *Fotos y más fotos* | • Aprender el léxico sobre las nuevas tecnologías a través de íconos<br>• Recursos para aprender español en la red<br>• Traducir a la lengua materna para comparar con la lengua meta | • Voluntariado digital: Campus Solidario de UNIR, Conéct@te y Tecnológico de Monterrey |

| | Comunicación | Gramática | Léxico | Tipos de texto | Técnicas y estrategias | Cultura |
|---|---|---|---|---|---|---|
| **4** **Vivencias** pág. 56 | • Hablar de sucesos, hechos y acciones del pasado situándolos en el tiempo<br>• Contar anécdotas: iniciar el relato, mostrar interés y reaccionar a lo largo del mismo<br>• Escribir una biografía | • Pretérito irregular:<br>– Verbos con irregularidad en la tercera persona<br>– Otros verbos irregulares<br>• Marcadores temporales de pretérito:<br>– De inicio y duración<br>– Para relacionar dos momentos del pasado | • Léxico para contar anécdotas<br>• Acontecimientos históricos<br>• Inventos<br>• Léxico relacionado con los acontecimientos en la vida de una persona | • Texto narrativo: biografía y anécdotas<br>• Texto informativo: malentendidos culturales<br>• Texto descriptivo en una red social: La Habana<br><br>**Video:** *Hostal Babel*<br>• Episodio 4: *Hostal Mabel* | • Leer las instrucciones de la tarea a realizar y tomar notas durante una audición para facilitar la comprensión del texto oral<br>• Reaccionar ante el interlocutor: el silencio como muestra de falta de interés | • Malentendidos culturales<br>• Biografía de Salvador Dalí, Chavela Vargas y Celia Cruz<br>• La Habana (Cuba) |
| **5** **¿Cómo era antes?** pág. 74 | • Hablar del tiempo atmosférico<br>• Hablar de acciones habituales en el pasado<br>• Narrar y describir en pasado<br>• Reaccionar a una anécdota expresando sorpresa o incredulidad<br>• Expresar acciones anteriores, posteriores o simultáneas a otras | • Imperfecto regular e irregular<br>• Marcadores temporales para relacionar dos acciones<br>• Contraste imperfecto/pretérito<br>• Verbos *llover, nevar, hacer frío...*<br>• Posesivos pospuestos | • Secciones del periódico<br>• Tiempo atmosférico<br>• Puntos cardinales<br>• Estaciones del año | • Texto expositivo: artículo, la vida de Amy Craton<br>• Texto descriptivo: artículo, *Así era la vida antes de internet*<br>• Texto informativo: artículo, escuela de niños de Exeter, Inglaterra<br>• Texto informativo: noticias curiosas<br><br>**Video:** *Hostal Babel*<br>• Episodio 5: *Tarde de lluvia* | • Deducir el nombre de las secciones de un periódico a través de las imágenes<br>• Hacer uso de los titulares de un periódico o revista para conocer y escribir una noticia | • Estaciones del año en América Latina y España<br>• Barrios latinos en Estados Unidos |

## Part B

| | Comunicación | Gramática | Léxico | Tipos de texto | Técnicas y estrategias | Cultura |
|---|---|---|---|---|---|---|
| **6** **Dentro de 50 años** pág. 92 | • Hablar del futuro<br>• Hacer planes<br>• Hacer predicciones, suposiciones e hipótesis<br>• Hacer promesas<br>• Hablar de acciones futuras que dependen de una condición | • Futuro regular e irregular<br>• Usos del futuro<br>• Marcadores temporales de futuro<br>• Otras estructuras para expresar futuro: presente de indicativo, *ir a/pensar/querer* + infinitivo<br>• Primera condicional: *si* + presente de indicativo + futuro | • Ecología y medioambiente<br>• Reciclaje<br>• Economía lineal y circular<br>• Tipos de energía | • Texto informativo: artículo, el modelo económico actual<br>• Texto argumentativo: artículo, opinión de ciencia<br>• Texto gráfico: infografía<br><br>**Video:** *Hostal Babel*<br>• Episodio 6: *Dentro de mil años* | • Aprender formas verbales y marcadores temporales rentables para hablar del futuro<br>• Analizar una infografía para obtener información | • La huella ecológica<br>• El punto limpio<br>• Economía lineal vs. economía circular<br>• El cambio climático y sus consecuencias |

| | Comunicación | Gramática | Léxico | Tipos de texto | Técnicas y estrategias | Cultura |
|---|---|---|---|---|---|---|
| **7**<br>**En línea**<br>pág. 110 | • Dar órdenes, instrucciones, recomendaciones y consejos<br>• Expresar obligación<br>• Expresar posibilidad o capacidad<br>• Pedir, conceder o denegar permiso<br>• Formular peticiones | • Imperativo afirmativo y negativo regular e irregular<br>• Usos del imperativo<br>• Posición de los pronombres de objeto directo e indirecto con el imperativo<br>• *Deber* + infinitivo<br>• *Tener que* + infinitivo<br>• *Poder* + infinitivo | • Internet y la publicidad<br>• Compras en línea | • Texto conversacional: foro sobre publicidad<br>• Texto descriptivo: correo electrónico, conferencia sobre publicidad<br>• Texto instructivo:<br>– Comerciales<br>– Cómo hacer una buena compra por internet | • Recursos para aprender las palabras relacionadas con la publicidad y las compras en línea<br>• Aprender palabras a través de su definición<br>• Debatir a través de argumentos y citas de autoridad | • El papel de la publicidad en la sociedad actual<br>• Frases célebres sobre publicidad<br>• La contrapublicidad |
| | | | | **Video:** *Hostal Babel*<br>• Episodio 7: *Lámparas* online | | |
| **8**<br>**Compartir espacios**<br>pág. 128 | • Dar consejos y hacer recomendaciones<br>• Dar o denegar permiso<br>• Expresar prohibición<br>• Expresar deseos y hacer peticiones<br>• Expresar hipótesis y probabilidad<br>• Organizar el discurso | • Presente de subjuntivo regular e irregular (1)<br>• Usos básicos del subjuntivo:<br>– *Aconsejar, recomendar, prohibir...* + infinitivo/*que* + presente de subjuntivo<br>– *Desear, esperar, querer* + infinitivo/*que* + presente de subjuntivo<br>• Organizadores del discurso y las acciones | • Estancias y objetos de una casa<br>• Tareas del hogar<br>• Aprendizaje de idiomas<br>• Léxico relacionado con la convivencia | • Texto descriptivo: exposición, mi nuevo apartamento<br>• Texto conversacional: correo electrónico, pedir y dar consejos<br>• Texto instructivo: compartepiso.es | • Observar las imágenes que ilustran un texto para predecir su contenido y facilitar su comprensión<br>• Aprender autocorrigiendo un texto escrito | • La música y Latinoamérica: con ritmo latino |
| | | | | **Video:** *Hostal Babel*<br>• Episodio 8: *Un hostal democrático* | | |
| **9**<br>**¿Colaboras?**<br>pág. 146 | • Presentar objeciones<br>• Expresar en qué circunstancia temporal tiene lugar una acción<br>• Contestar por escrito a un anuncio | • Presente de subjuntivo irregular (2)<br>• Oraciones temporales: expresión de acciones habituales, simultáneas, de comienzo y fin de una acción, de acción inmediata y de progresión<br>• Nexos temporales con indicativo/subjuntivo<br>• *Aunque* + indicativo/subjuntivo | • El voluntariado y las ONG<br>• Servicios sociales<br>• Carta o correo formal | • Texto instructivo: ayudar a los demás<br>• Texto informativo: correo electrónico, tablón de anuncios<br>• Texto descriptivo: Las diferentes ONG | • Atenuar la contraposición de ideas<br>• Convencer a otros mediante argumentos<br>• Realizar el borrador de un escrito como guía | • Las ONG y su labor<br>• Los bancos de tiempo<br>• El comercio justo |
| | | | | **Video:** *Hostal Babel*<br>• Episodio 9: *Profesores Sin Fronteras* | | |

## Repaso mi nivel

### 10 Rebobinamos pág. 164

| Comunicación | Gramática | Léxico | Tipos de texto | Técnicas y estrategias | Cultura |
|---|---|---|---|---|---|
| • Dar órdenes e instrucciones<br>• Dar consejos y hacer recomendaciones<br>• Narrar y describir en pasado<br>• Contar una anécdota y reaccionar<br>• Hablar de planes para el futuro | • Usos de los tiempos del pasado (repaso)<br>• Contraste de los tiempos del pasado (repaso)<br>• Imperativo (repaso)<br>• Marcadores temporales (repaso)<br>• Presente de subjuntivo (repaso) | • Repaso de vocabulario sobre hábitos, alimentos, viajes, estancias y objetos de una casa, tareas del hogar, internet y redes sociales, clima, medioambiente, secciones de un periódico y voluntariado<br>• Léxico contrastivo entre España y Latinoamérica | • Texto expositivo: informe sobre el deporte en México<br>• Texto informativo: anuario en un periódico universitario y noticias | • Reaccionar a las palabras del/de la interlocutor/a<br>• Unir palabras con su definición<br>• Deducir el significado de una expresión idiomática por el contexto | • Ser mujer en América Latina |

**Video:** *Hostal Babel*
• Episodio 10: *Recuerdos con paté de algas*

---

### Pronunciación y ortografía ........................................................................................................ AP 2

**Ficha 6** Contraste de los sonidos /k/ y /g/. Las letras *c/q/k* ........................................ AP 2

**Ficha 7** Los sonidos /j/ y /f/ ........................................................................................ AP 3

**Ficha 8** Los diptongos y los triptongos ....................................................................... AP 4

**Ficha 9** El hiato ........................................................................................................... AP 5

**Ficha 10** Las reglas de acentuación gráfica ................................................................. AP 6

### Tabla de verbos ........................................................................................................................ AP 7

### Glosario .................................................................................................................................... AP 14

# ¿Por qué estudio español?

**Más de 580 millones de personas** hablan español en el mundo. De ellos, 480.2 millones son nativos.

El español es la **segunda lengua materna del mundo** por número de hablantes, después del chino mandarín.

La contribución del conjunto de los países de habla hispana al PIB mundial es del 6.9 %.

**6.9 %**

Es la cuarta lengua más estudiada del mundo después del inglés, el francés y el chino mandarín: actualmente hay 21.8 millones de estudiantes de español en el mundo.

- Inglés
- Francés
- Chino mandarín
- Español

👍 El español es la tercera lengua más utilizada en la red.

👍 El 8.9 % de los usuarios de internet se comunica en español.

👍 El español es la segunda lengua más utilizada en Wikipedia, en Facebook, en LinkedIn y en Twitter.

El español es la cuarta lengua más poderosa del mundo.

El español ocupa la cuarta posición en el ámbito institucional de la Unión Europea.

Es la tercera lengua en el sistema de trabajo de la ONU: es una de sus seis lenguas oficiales.

España es el tercer país exportador de libros del mundo.

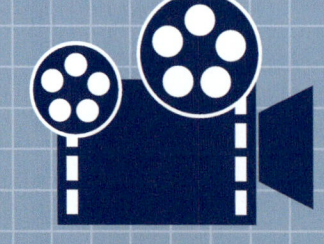

Argentina, México y España se encuentran entre los quince principales países productores de filmes del mundo.

Datos extraídos del informe *El español: una lengua viva*, elaborado y redactado por David Fernández Vitores, y dirigido y coordinado por la Dirección Académica del Instituto Cervantes (2019).

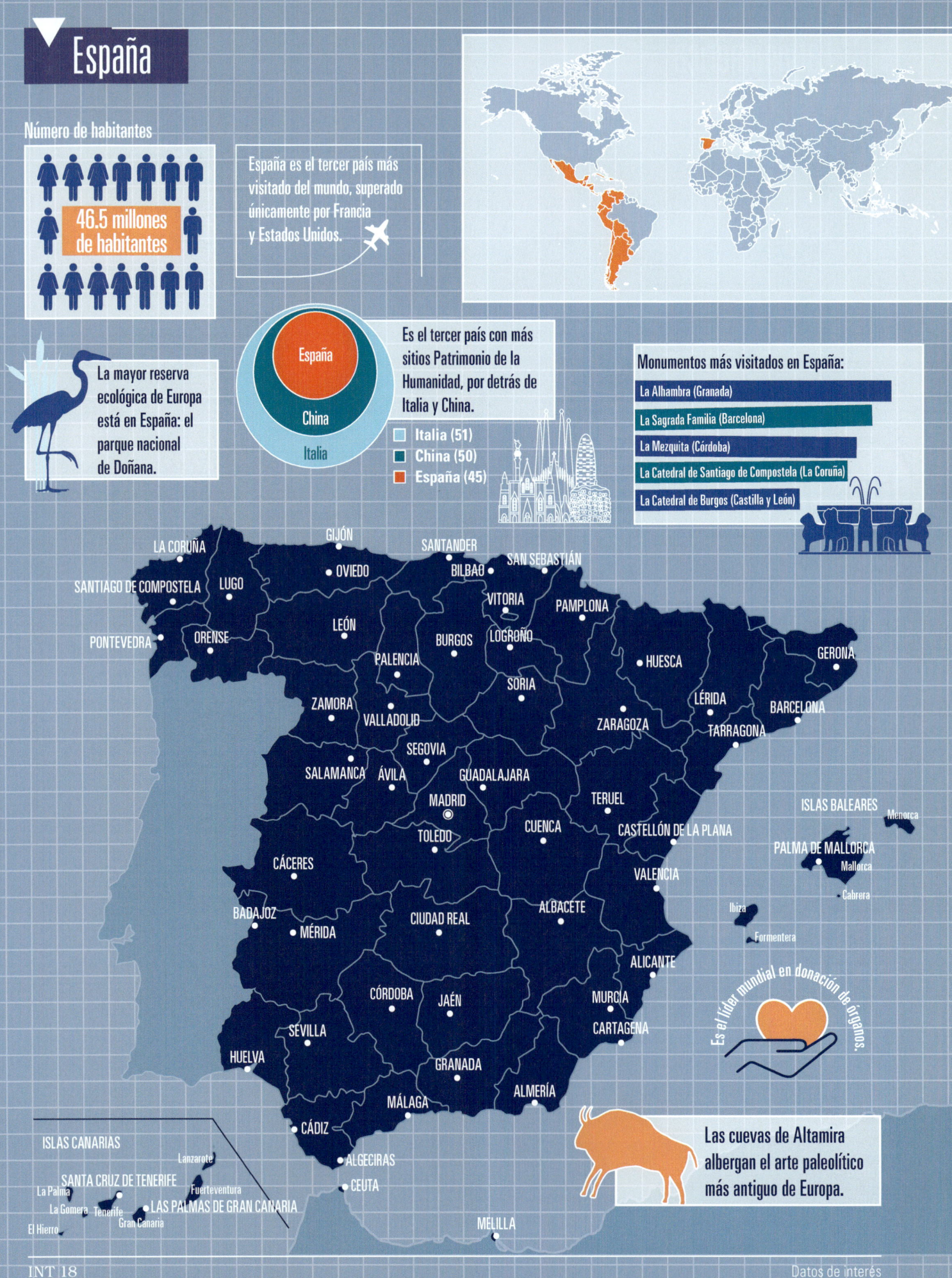

# Student Book 2B

Unidad

# 6

Fíjate en las imágenes; ¿a qué hacen referencia? Justifica tu respuesta.

¿Tienes carro? ¿De qué tipo es?

¿Reciclas tu basura? ¿Por qué?

# Dentro de 50 años

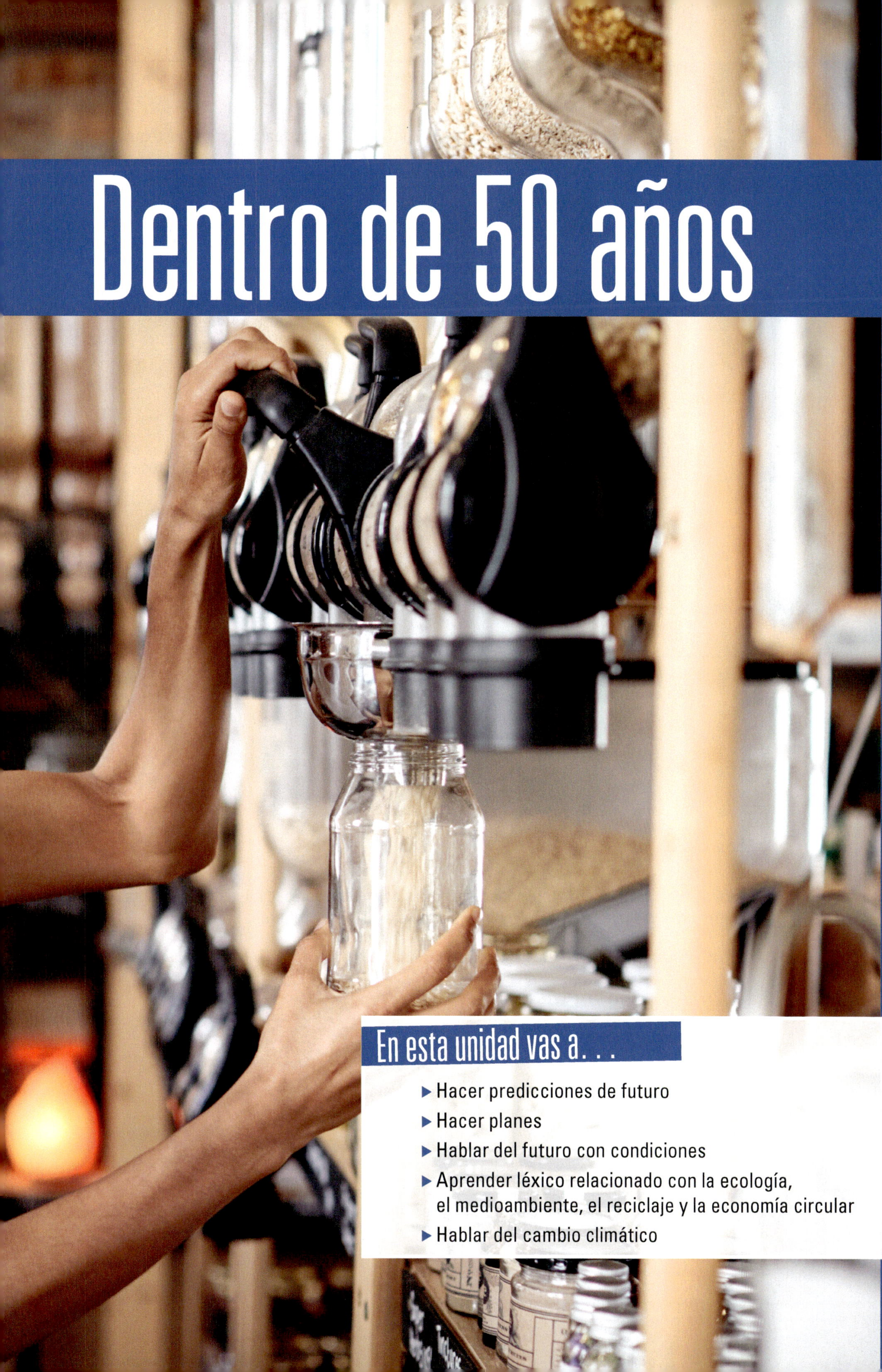

### En esta unidad vas a...

- Hacer predicciones de futuro
- Hacer planes
- Hablar del futuro con condiciones
- Aprender léxico relacionado con la ecología, el medioambiente, el reciclaje y la economía circular
- Hablar del cambio climático

# ¿Qué sabes?

**1** **Todo el grupo** Fíjate en las siguientes palabras; ¿a qué tema se refieren? Justifica tu respuesta.

TEMA

naturaleza · océanos · reciclaje · clima

**1.1** **En parejas** Escribe en la tabla dos términos relacionados con cada una de las palabras anteriores que tengan que ver con el tema general al que se refieren.

| Naturaleza | Reciclaje | Océanos | Clima |
| --- | --- | --- | --- |
|  |  |  |  |

**1.2** **Todo el grupo** Di las palabras de tu lista y completa con las palabras de tus compañeros/as. ¿Conoces todas? ¿Sabes qué significan?

**2** Fíjate en esta imagen. ¿Sabes a qué concepto relacionado con el medioambiente se refiere? Una pista: tiene que ver con una tendencia ecológica que va más allá del reciclaje.

94 | noventa y cuatro · Unidad 6 | Dentro de 50 años

## 3

Estas personas hablan sobre sus planes en relación con el medioambiente. ¿Qué van a hacer? Completa los bocadillos.

[22]

**1** Voy a ..................................................
..................................................
..................................................

**2** Pienso ..................................................
..................................................
..................................................

**3** Vamos a ..................................................
..................................................
..................................................

**4** Quiero ..................................................
..................................................
..................................................

### 3.1 Vuelve a escuchar y completa estas frases.

[22]

1. Voy a andar a mi universidad en bici; así ........................... deporte todos los días.
2. Voy a limpiar la playa y, de esta manera, ........................... a mejorar la calidad del agua en mi zona.
3. Vamos a ahorrar en calefacción, no contaminaremos y el aire ........................... más limpio.
4. En mi tienda ........................... de todo: muebles, ropa, objetos para el jardín…, todo hecho a partir de productos reciclados.

### 3.2 **En parejas** Analiza las formas que anotaste. ¿A qué tiempo se refieren las acciones? ¿Conocías este tiempo verbal?

> Recuerda:
> Para hablar del futuro puedes usar las estructuras: *ir a, querer* o *pensar* + infinitivo.

## 4

**Todo el grupo** ¿Sabes qué es la huella ecológica? Lee la definición en el siguiente texto para averiguarlo. ¿Tienes tú algún plan relacionado con tu huella ecológica?

> De la misma forma que al caminar se deja una huella, el modo de vida de cada uno deja una huella ecológica, es decir, provoca un impacto ambiental determinado que depende, principalmente, de nuestros hábitos y de nuestro grado de concienciación.

Unidad 6 | Dentro de 50 años

# Palabras

**1** **En parejas** ¿En qué contenedor reciclas esta basura? Relaciona y compara con tu compañero/a.

1. desechos en general
2. basura orgánica
3. vidrio
4. plástico y latas
5. papel
6. residuos peligrosos

a. contenedor azul
b. contenedor gris
c. contenedor marrón
d. contenedor rojo
e. contenedor verde
f. contenedor amarillo

**1.1** [23] Vanessa está muy concienciada con el medioambiente y les explicó a sus hijos con un juego cómo se reciclan los residuos en el lugar donde viven. Escucha sus explicaciones. ¿Los colores de los contenedores coinciden con los de tu comunidad? ¿Cuáles son diferentes?

**1.2 En parejas** Clasifica los siguientes desechos en su contenedor correspondiente según las explicaciones de Vanessa. Puedes volver a escuchar el audio si lo necesitas. ¿Hay algún producto que no puedes reciclar en ningún contenedor?

| cartón de leche | botella de vidrio de jugo de naranja | computadora rota | tapón de corcho | paño |
| papel de cocina usado | bolsa de plástico | lata de refresco | caja de cartón | jeringa usada |
| bolsa de papas fritas | periódico | restos de plantas y hojas | trozo de carne | libro viejo | pañal |

Fíjate:
En muchos países, los residuos que no se pueden reciclar en ninguno de estos contenedores se llevan al "centro de acopio" (también llamado "punto limpio" en países como Chile o España). En este lugar se someten a un proceso de reciclaje específico o se eliminan de forma segura.

**1.3 Todo el grupo** ¿Reciclas habitualmente? ¿Es obligatorio en tu país o comunidad? ¿Crees que es importante?

**2** **En grupos pequeños** ¿Conoces las 5 erres de la ecología? Relaciónalas con estas acciones.

1. Regalar un suéter que te queda chico.
2. Llevar una bolsa de tela al mercado.
3. Reparar un lavarropas que se descompuso.
4. Tirar la lata de refresco al contenedor correspondiente.
5. Utilizar una botella de vidrio para confeccionar una lámpara.

RE- DUCIR
PARAR
CUPERAR
UTILIZAR
CICLAR

**2.1 En parejas** Ahora lee estos textos y escribe cuál de las 5 erres se describe en cada uno.

① _____

Casi todo se puede reparar: ropa, productos electrónicos, muebles, calzado, celulares… pueden repararse y alargar así su vida útil.

② _____

Menos consumo en todos los sentidos: menos desperdicio, menos peso y distancia para el transporte, menos energía, menos productos no degradables o no reciclables…

③ _____

De muchos objetos de desecho se pueden rescatar algunos de sus componentes para ser utilizados nuevamente; un buen ejemplo son los metales, que pueden ser separados de los distintos objetos que desechamos y ser utilizados de nuevo.

④ _____

Crear un artículo nuevo usando materiales reciclados o reciclables siempre que sea posible. El papel, por ejemplo, es una de las industrias que más utiliza este principio.

⑤ _____

Hay ropa, calzado, libros y objetos de papelería, envases, componentes electrónicos que se pueden vender o donar… Todo puede tener una segunda vida antes de terminar en la basura.

# Gramática

**Fíjate:**
En el futuro las terminaciones son las mismas para las tres conjugaciones, incluidos los verbos irregulares.

**Fíjate:**
Este tiempo se usa también para hacer **suposiciones** o **hipótesis** referidas al presente:
▶ ¿Por qué no vino Pedro?
▷ Es que está enfermo. (Lo sé).
▷ No sé; **estará** enfermo. (Lo supongo).
En este caso, el futuro equivale al presente.

## 1 Futuro

- El **futuro** se forma con el infinitivo y las siguientes terminaciones:

|  | Estudiar | Beber | Vivir |
|---|---|---|---|
| yo | estudiar**é** | beber**é** | vivir**é** |
| tú | estudiar**ás** | beber**ás** | vivir**ás** |
| él, ella, usted | estudiar**á** | beber**á** | vivir**á** |
| nosotros/as | estudiar**emos** | beber**emos** | vivir**emos** |
| vosotros/as | estudiar**éis** | beber**éis** | vivir**éis** |
| ellos, ellas, ustedes | estudiar**án** | beber**án** | vivir**án** |

- En este tiempo verbal solo hay doce verbos irregulares:

| caber ▸ **cabré** | saber ▸ **sabré** | valer ▸ **valdré** |
| haber ▸ **habré** | poner ▸ **pondré** | venir ▸ **vendré** |
| poder ▸ **podré** | salir ▸ **saldré** | decir ▸ **diré** |
| querer ▸ **querré** | tener ▸ **tendré** | hacer ▸ **haré** |

- Utilizamos el **futuro** para hablar de **acciones** y **planes** que se van a realizar en un tiempo que está por llegar (un tiempo **futuro**):
   *La próxima semana **iré** a Santiago de Chile.*

- También sirve para hacer **predicciones** y para hacer **promesas** con *te prometo/juro + que*:
   *El próximo verano **será** muy caluroso.*
   *Te prometo que te **llamaré** lo antes posible.*

**1.1** **En parejas** Encuentra en esta sopa de letras tres formas regulares y tres formas irregulares de futuro y completa las frases con ellas.

1. Yo creo que .................... estudiando todo el fin de semana. El lunes tengo una prueba.
2. La próxima semana Raúl .................... mucho tiempo libre. Nomás trabaja en las mañanas.
3. Si vas a ese restaurante, .................... muy bien. ¡Está todo riquísimo!
4. Hoy me quedo en casa. Ordenaré y .................... todos los libros en el librero.
5. Tranquilo, pronto .................... la verdad.
6. .................... un correo a Julita para contarle lo que pasó.

| T | O | C | É | G | T | V | N | L | R | D | Q |
|---|---|---|---|---|---|---|---|---|---|---|---|
| F | E | S | T | A | R | É | E | N | S | N | U |
| U | S | Á | R | P | E | T | L | L | Á | O | E |
| S | U | E | E | S | I | P | O | N | D | R | É |
| H | A | V | S | U | M | P | A | H | A | Z | R |
| Í | D | B | C | B | P | A | T | E | C | D | U |
| T | O | C | R | É | U | S | E | S | O | T | R |
| E | S | I | I | E | S | E | Y | A | M | P | I |
| N | Ó | T | B | S | M | R | A | N | E | D | O |
| D | D | É | I | Ó | R | O | E | T | R | É | S |
| R | E | P | R | E | O | D | S | N | Á | C | H |
| Á | S | O | É | N | M | A | O | I | S | P | Ó |

**1.2** **En parejas** Decide si el verbo destacado se refiere al futuro o a una hipótesis en presente.

1. ¿**Vendrán** ustedes a Irlanda a visitarme?
2. No es buena idea ir ahora a la biblioteca, **estará** llena de gente.
3. Esta tarde **llegarán** los nuevos diccionarios.
4. Imagino que el director **estará** reunido, no contesta a las llamadas.

## 2. Marcadores temporales de futuro

Estos son algunos de los marcadores temporales de futuro más comunes:

- **esta** tarde/noche/semana
- la semana **próxima**
- **dentro de**...
- **este** mes/año
- el mes/año **próximo**
- **desde/a partir de**...
- **en**...
- la semana/el mes/ el año **que viene**

*El año que viene/próximo será un gran año.*
*Esta tarde iré al cine.*
*Este año compraremos un auto nuevo.*
*A partir de mañana estará de vacaciones.*
*Dentro de dos años viajaremos a África.*
*En agosto nos cambiaremos de casa.*

> **Fíjate:**
> Con el demostrativo *(esta tarde, este mes)* podemos referirnos al pasado o al futuro:
> *Esta tarde fui al cine.*
> *Esta tarde iré al cine.*

**2.1** [24] ¿Qué planes tiene Sara? Fíjate en las imágenes; ¿qué crees que va a hacer en cada caso? Anótalo. Luego escucha, comprueba si acertaste y escribe cuándo realizará esos planes.

1 ........
2 ........
3 ........

4 ........
5 ........

**2.2** **En grupos pequeños** ¿Y tú? Comenta con tus compañeros/as cuáles son tus planes para esta noche, esta semana, este año, el año que viene, dentro de tres años y dentro de quince años.

> **Recuerda:**
> Para hablar del futuro también puedes usar:
> - **Presente de indicativo**: *Mañana ceno con mis amigas.*
> - ***Ir a*** + infinitivo: *El mes que viene voy a viajar a Lima.*
> - ***Pensar/Querer*** + infinitivo:
>   *A partir de mañana pienso/quiero cambiar mis hábitos de consumo.*

### GRAMÁTICA
En Latinoamérica se suele utilizar más la forma *ir a* + infinitivo para hablar del futuro:
*Oficialmente, la semana que viene **van a empezar** a implementar los cambios que a usted se le ocurrieron...*

Unidad 6 | Dentro de 50 años

# Practica en contexto

**1** **Todo el grupo** Fíjate en las siguientes frases. ¿Con qué concepto las relacionas?

**Extraer para tirar**   **Somos ricos en basura**   **Tus residuos son mis recursos**

**1.1 En parejas** Ahora fíjate en esta infografía, elige uno de los dos gráficos y explícaselo a tu compañero/a.

## ECONOMÍA CIRCULAR

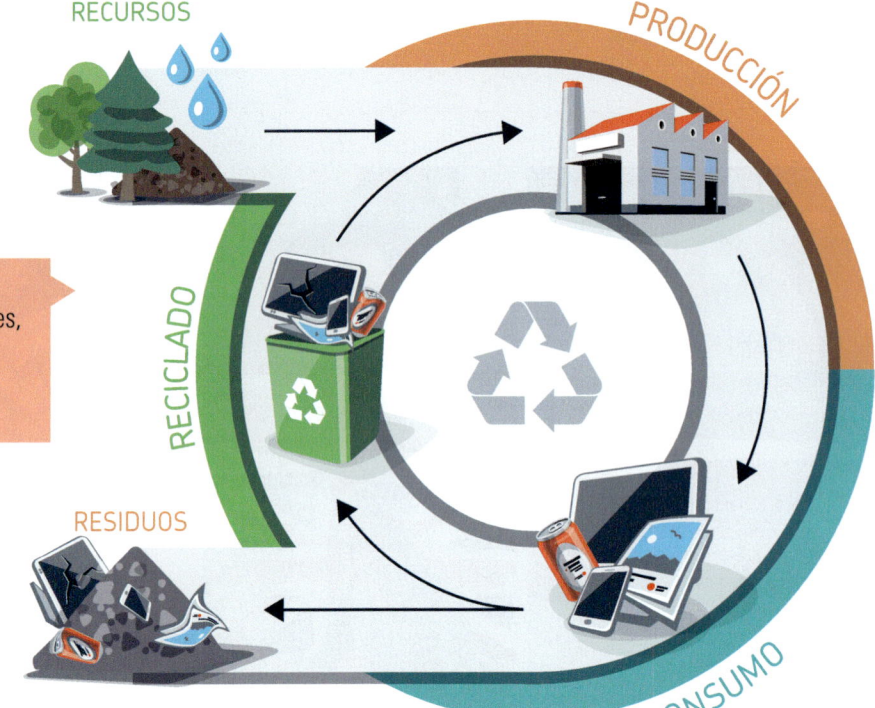

**Infografía**
La infografía combina **imágenes** (ilustraciones, gráficos, pictogramas…) y **textos** con el fin de comunicar información de manera visual y facilitar su transmisión.

## ECONOMÍA LINEAL

**1.2 En grupos pequeños** Relaciona de manera lógica las frases de la actividad 1 con los gráficos. Compara las respuestas de tu grupo con las del resto de la clase. ¿Se parecen?

**2** **En parejas** Vas a leer un artículo sobre economía circular. Antes relaciona estos conceptos con su significado: podrás comprender mejor el texto.

1. sustentar
2. nutriente
3. desechar
4. biodegradable
5. contribuir
6. generar

a. Sustancia que alimenta.
b. Producir.
c. Que puede descomponerse en elementos químicos naturales por la acción del sol, el agua, las bacterias, las plantas o los animales.
d. Tirar algo porque ya no nos sirve.
e. Mantener, sostener.
f. Ayudar para algún fin.

**2.1 En parejas** Ahora lee el texto y resume cada párrafo en dos frases.

Está claro que el modelo económico actual –extraer, producir, consumir y tirar– no será posible en el futuro. La ONU calcula que para mediados de siglo la población mundial será de unos 9100 millones de personas: "Con estas cifras, se necesitarán casi tres planetas Tierra para conseguir los recursos naturales necesarios para mantener el modo de vida actual". Según el profesor Antonio Valero, "el ser humano tendrá que vivir de sus residuos, como hace la naturaleza". Y es que serán los residuos que generamos los que deberán sustentar buena parte del ciclo productivo.

1. ...........................................................................................

En el mundo natural no hay residuos: los residuos de una especie se convierten en alimento para otra. La energía proviene del sol, los seres vivos nacen y mueren, y la tierra recupera siempre los nutrientes de forma segura. Pero los seres humanos adoptamos siempre un enfoque lineal en la manera de producir: primero descubrimos algo, luego lo producimos, lo usamos y finalmente lo tiramos. Por ejemplo, un nuevo celular sale al mercado, lo compramos y tiramos el antiguo, nuestro lavarropas se descompone y compramos otro… Cada vez que hacemos esto generamos residuos tóxicos que no se recuperan y contaminan el planeta.

2. ...........................................................................................

Pero, si adoptamos el modelo que nos ofrece la naturaleza para producir las cosas, lograremos pasar de la economía lineal –extraer, producir, consumir y tirar– a la economía circular; es decir, podremos convertir nuestros residuos en nuevos materiales en lugar de tener que desecharlos. Si volvemos a diseñar los productos, sus componentes y sus envases, crearemos materiales seguros que contribuirán a generar otros productos, o serán biodegradables y no dañarán ni contaminarán la Tierra. Aun así, tenemos que pensar qué hacer con los residuos no biodegradables, como los lavarropas, los celulares o las heladeras.

3. ...........................................................................................

**2.2 En grupos pequeños** Comparen sus resúmenes con los de otra pareja. ¿Se parecen?

> **LÉXICO**
>
> Latinoamérica › refrigerador, heladera :
> *No tenemos **refrigerador** ni despensa, pero puedo ofrecerles un taco de frijoles.*
> *Abrí la **heladera** y metí las dos botellas.*
> España › nevera, frigorífico :
> *En la **nevera** hay de todo. Anda, haz algo, pon música.*
> *¿Sabes deshelar el **frigorífico**?*
>
> Latinoamérica › freezer :
> *El helado, en el **freezer**. El otro afuera está bien.*
> España › congelador : *Después tapamos el recipiente y lo ponemos en el **congelador** del frigorífico por espacio de dos horas como mínimo.*
>
> Latinoamérica › lavarropas : *El **lavarropas** se pone en marcha siguiendo el programa automático.*
> España › lavadora : *Carmen saca ropa mojada del tambor de la **lavadora** y la mete en la centrifugadora.*

Adaptado de https://gestoresderesiduos.org/noticias/espana-ya-tiene-listo-el-borrador-de-su-primer-plan-de-economia-circular/ y de www.ellenmacarthurfoundation.org

Unidad 6 | Dentro de 50 años

**Primera condicional**
Para hablar de acciones futuras que dependen de una **condición** se usa la estructura *si* + presente de indicativo + futuro:

*Si tengo tiempo, te telefonearé.*

**3** **En grupos pequeños** En el último párrafo del artículo se plantea una cuestión: ¿qué podemos hacer con los materiales que no son biodegradables? Fíjate en la estructura de la siguiente frase y, siguiendo el modelo, plantea soluciones al problema.

*Si volvemos a diseñar los productos, sus componentes y sus envases, crearemos materiales seguros y biodegradables que contribuirán a generar otros productos o a cultivar la Tierra.*

**3.1** **Todo el grupo** Comparte las ideas de tu grupo con la clase. Tu profesor/a va a anotar en el pizarrón todas las propuestas que se hacen.

**3.2** Estas personas contestaron también a la pregunta. Escucha y completa sus respuestas.
[25]

Olga

Ignacio

1. Si ........................... una licencia de uso de los dispositivos electrónicos, las compañías ........................... los componentes al finalizar su uso.

2. Si la compañía nos ........................... los nuevos componentes de los dispositivos por una pequeña cantidad a cambio de los antiguos, ........................... la vida útil de los aparatos.

Pepa

Carlos

3. Si se ........................... energías renovables en los transportes, el problema de la contaminación ........................... menor.

4. Si ........................... productos de cercanía, ........................... el transporte aéreo, que es el que más contamina.

**3.3** **Todo el grupo** Compara las ideas de estas personas con las del pizarrón. ¿Coinciden? ¿Cuáles piensas que son fáciles de aplicar y cuáles no? ¿Por qué? ¿Crees que educar y concienciar sirven para cambiar los comportamientos actuales?

102 | ciento dos                                                                                              Unidad 6 | Dentro de 50 años

**4**  Escucha la opinión de estos expertos que hablan sobre energías alternativas y actividades sostenibles. Relaciona cada intervención con su imagen correspondiente. ¿Cuál de ellas no se menciona? ¿Sabes en qué consiste?

[26]

☐ energía eólica    ☐ auto eléctrico    ☐ energía solar    ☐ ecoturismo

**5** **En parejas** ¿Cómo crees que serán dentro de 50 años la salud, los robots, los autos, la energía o los viajes espaciales? Tienes que justificar tu respuesta. Fíjate en el ejemplo.

Ejemplo: *Probablemente en 20 o 30 años la temperatura del planeta aumentará en 2 o 3 grados y por eso desaparecerán algunas especies y nacerán otras nuevas. Lo malo es que no serán cambios naturales, sino provocados por la acción del hombre.*

**Hacer predicciones**
- Seguramente
- Probablemente
- Posiblemente
- Creo que
- Me imagino que      + futuro
- Seguro que
- Supongo que

*Seguro que en 50 años habrá menos enfermedades.*

**5.1** **Todo el grupo** Esto es lo que se prevé con respecto a los temas anteriores. ¿Coincides con los expertos?

● ● ●  opinionesdeciencia.es

José Luis Cordeiro, profesor de la Singularity University, en California, afirma: "Creo que los avances científicos nos darán la posibilidad de curar el envejecimiento. Ya se está haciendo a nivel celular y de tejidos, pero podremos hacerlo en todo el organismo. Yo no pienso morir, no está entre mis planes", aseguró.

De acá a 50 años probablemente llegaremos a Marte. Los viajes espaciales responderán a la necesidad de supervivencia de nuestra especie por el impacto negativo que estamos provocando en el planeta y por la superpoblación.

En cuanto al transporte terrestre, estamos seguros de que dentro de medio siglo los autos serán autónomos y no necesitarán choferes.

 Los expertos imaginan un futuro en el que el aumento de la esperanza de vida y la soledad se convertirán en un problema y la robótica jugará un importante papel para su solución. En Japón ya se dan los primeros pasos en robots de acompañamiento de personas mayores y los avances son muy rápidos.

Si alguien piensa que dentro de 50 años las energías limpias y renovables moverán el mundo, se equivoca. O eso opina el geólogo Pedro Alfaro, catedrático de Geodinámica Interna. "Estamos viendo que el cambio a renovables va muy lento y el petróleo en 50 años no se acabará, así que seguiremos igual que ahora". Alfaro considera que el problema para generalizar el uso de las energías renovables y limpias es el costo. ¿La gente estará dispuesta a pagar más? Ya veremos...

Adaptado de http://www.laopiniondemalaga.es/sociedad/2017/06/12/futuro-espera-50-anos/936860.html

# NO HAY UN PLANeta B

**1** **Todo el grupo** Fíjate en el título del apartado. Reproduce un eslogan que se repite en las manifestaciones por el medioambiente; ¿qué juego de palabras esconde? ¿Puedes expresar lo que quiere decir con otras palabras?

### El problema

En los últimos cien años, la temperatura media global aumentó 0.76 °C (168.8 °F). La emisión de gases de efecto invernadero derivada de la acción del ser humano está provocando variaciones no naturales en el clima. Debido a esa emisión excesiva e incontrolada, la atmósfera retiene más calor del necesario y se produce lo que denominamos el "calentamiento global".

### Las causas

- Uso de combustibles fósiles para producir energía
- Transporte
- Ganadería y agricultura intensivas
- Generación de basura que tarda años en descomponerse: plásticos, componentes electrónicos…

104 | ciento cuatro

Unidad 6 | Dentro de 50 años

## Las consecuencias

- Derretimiento de los polos con el consiguiente aumento del nivel del mar
- Fenómenos meteorológicos violentos y destructivos: sequías, incendios, inundaciones, desertificación…
- Pérdida de especies vegetales y animales y, como consecuencia, el empobrecimiento cada vez más alarmante de la biodiversidad
- Contaminación de océanos y su efecto negativo en la salud humana

## Existirá un futuro si…

- se sustituyen los combustibles fósiles por energías renovables.
- se reduce el consumo de carne y lácteos y el desperdicio de comida.
- se consumen productos de proximidad.
- se racionaliza el transporte.
- se aplican las cinco erres de la ecología: reducir, reparar, recuperar, reutilizar y reciclar.
- nuestros hogares se hacen sostenibles.

**2** **Todo el grupo** La solución al problema ¿es individual o colectiva? ¿Qué están haciendo los diferentes gobiernos para resolver esta situación? ¿Te parecen útiles las cumbres del clima que se celebran cada cierto tiempo? Argumenta tus respuestas.

Video

Dentro de mil años

## Antes del video

**1** Fíjate en los siguientes recipientes y escribe su nombre.

① ..................  ② ..................  ③ ..................  ④ ..................

**1.1** **Todo el grupo** ¿Qué tienen en común estos envases? Discútelo con tus compañeros/as.

**2** Carla, Leo y Tere preparan una cena especial. Completa la conversación con las palabras del recuadro y comprueba tu respuesta anterior.

| residuos | bandejas | bolsas | desechables |
| degradarse | de vidrio | contaminantes |
| tetrabrik | plástico |

Hugo: Pero... ¿qué compraron? ¡Verduras en envases de [1] ..................! ¡Eso no se debe comprar nunca!

Tere: ¿No te gusta?

Hugo: No es por la verdura, es por esos horribles envases. Son muy contaminantes. ¿Sabes cuántos [2] .................. producirá esta cena?

Carla: Pero, Hugo...

Hugo: ¡La fruta y la verdura nunca se deben comprar envasadas!

Leo: Vale, lo tendremos en cuenta para la próxima vez.

Hugo: ¡Esas [3] .................. tardarán más de 30 años en degradarse! ¡Son muy [4] ..................!

Tere: ¡Vaya!

Hugo: Y todas esas [5] .................. de plástico están hechas de un material que se llama *polietileno*.

Leo: ¿Cómo?

Hugo: PO-LIE-TI-LE-NO... Esas cosas tardarán 150 años en desaparecer. ¡150 años!

[...]

Tere: Hugo, tranquilo. Mira, te hemos comprado zumo. ¿Te apetece uno?

Hugo: ¿Jugo en [6] ..................? ¿Pero tú sabes cuánto tiempo necesitará eso para [7] ..................?

Tere: Ay, hijo, ni idea...

Hugo: ¡Eso desaparecerá dentro de 500 años! ¡Ay! No me digan que también compraron vasos [8] ..................

Carla, Leo y Tere: ¡Sí!

Hugo: Esos vasos se hacen con polipropileno y estarán contaminando este planeta durante ¡1000 años!

Tere: ¡Qué pesadilla!

Hugo: ¿Para qué usamos vasos desechables si aquí en la cocina tenemos vasos [9] ..................?

Carla: Bueno, pensamos que es más cómodo, porque no hace falta lavarlos. Se usan, se tiran y chau.

106 | ciento seis          Unidad 6 | Dentro de 50 años

## Durante el video

**3** Visiona el fragmento 01:53 ▶ 04:01, comprueba si tus respuestas anteriores son correctas y corrígelas en caso necesario.

**4** Visiona todo el episodio y haz un resumen de este. Recuerda que debes escribir las ideas principales de la historia.

**5** Observa estos gestos en el video. ¿Qué transmiten? ¿Enojo, extrañeza, tranquilidad…? Anótalo en cada caso y escribe también qué palabras usan los protagonistas para acompañarlos.

## Después del video

**6** **En parejas** En el video se mencionan las palabras *patatas*, *zumo*, *jugo* y *papas*. ¿A qué variedad del español pertenece cada una?

**7** **En parejas** ¿Crees que el uso de términos diferentes dificulta el entendimiento entre los hispanohablantes de distintas zonas? ¿Por qué?

**8** **Todo el grupo** ¿Con cual de los personajes te identificas más en la discusión? ¿Estás de acuerdo con Hugo? ¿Crees que es demasiado exagerado? ¿Por qué?

Unidad 6 | Dentro de 50 años

# Evaluación

**1** Elabora una lista de seis palabras o expresiones relacionadas con la economía circular.

1. ...........................................................
2. ...........................................................
3. ...........................................................
4. ...........................................................
5. ...........................................................
6. ...........................................................

**2** Escribe debajo de cada imagen qué tipo de residuo es.

| vidrio | otros residuos | peligroso | plástico y metal | cartón y papel | orgánico |

① ② ③

④ ⑤ ⑥

**3** Escribe dos usos del futuro y pon un ejemplo de cada uno.

1. ...........................................................
2. ...........................................................

**4** Completa las frases con el futuro del verbo correspondiente.

| acostarse | llegar | pasar | hablar | llamar |

1. No me gusta trabajar tantas horas. Mañana ..................... con mi jefe.
2. Si termino pronto, ..................... a mis amigos para salir un rato.
3. Esta noche ..................... temprano. Estoy cansadísima.
4. Si estudias, ..................... la prueba.
5. Lo siento, me dormí y ..................... tarde.

108 | ciento ocho    Unidad 6 | Dentro de 50 años

**5** Escribe el futuro de los siguientes verbos irregulares. Puedes escribir la forma *vosotros/as* si quieres practicarla.

|  | Saber | Valer | Salir | Haber | Poner | Caber |
|---|---|---|---|---|---|---|
| yo |  |  |  |  |  |  |
| tú |  |  |  |  |  |  |
| él, ella, usted |  |  |  |  |  |  |
| nosotros/as |  |  |  |  |  |  |
| vosotros/as |  |  |  |  |  |  |
| ellos, ellas, ustedes |  |  |  |  |  |  |

**6** Escribe frases explicando tus planes para…

esta noche: ........................................................................................
mañana: ..............................................................................................
el año que viene: ..............................................................................
dentro de 10 años: ............................................................................

**7** ¿Pensaste alguna vez cómo será tu español dentro de 15 años? Escribe una breve redacción.

*Mi español dentro de 15 años* ..........................................................
..............................................................................................................
..............................................................................................................
..............................................................................................................
..............................................................................................................

**8** Lee la siguiente afirmación y continúa las frases con condiciones que, si se cumplen, mejorarán la salud del planeta.

*"Cada uno de nosotros, con nuestra forma de vida, puede ayudar a mejorar el estado de salud del planeta en el que vivimos"*

– Si ......................................................................................................
– Si ......................................................................................................
– Si ......................................................................................................

**9** Marca las afirmaciones correctas.

1. ☐ El cambio climático es consecuencia de factores naturales.
2. ☐ La agricultura intensiva contribuye al calentamiento global y al cambio climático.
3. ☐ Fenómenos derivados del cambio climático son la lluvia y la nieve, por ejemplo.
4. ☐ El uso de energías renovables contribuirá a reducir el aumento de la temperatura en el planeta.

Unidad
7

¿Qué significa 'en línea'? ¿Cómo se traduce en tu lengua?

Fíjate en este equipo de personas y analiza la imagen; ¿a qué crees que se dedican? ¿Y si relacionas su profesión con el título de la unidad?

¿Te gusta la publicidad? ¿De qué tipo?

# En línea

### En esta unidad vas a...

- Conocer la publicidad en línea
- Dar órdenes, instrucciones, recomendaciones y permiso
- Expresar obligación
- Opinar sobre el papel de la publicidad en la sociedad actual

# ¿Qué sabes?

**1** **En parejas** Fíjate en las siguientes imágenes. ¿Conoces palabras relacionadas con la publicidad? ¿Cuáles? Haz una lista. Luego compártela con tu compañero/a para hacer una lista común.

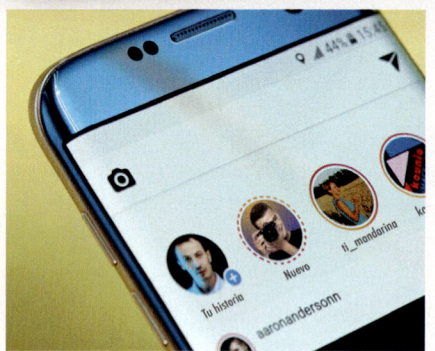

**2** [27] Escucha los siguientes diálogos y completa las frases con la forma verbal que utilizan. ¿Recuerdas cómo se llama este modo verbal?

1. Sí, un poco… Mejor [1] ............................ el metro hasta la estación Plaza Universidad y después [2] ............................ caminando cinco minutos hasta la Gran Avenida.
2. [3] ............................ a Costa Rica. Es una zona bien linda, rodeada de naturaleza, y no hace mucho calor. ¡Te encantará!
3. Sí, claro. [4] ............................ la heladera y [5] ............................ la botella.
4. ¿Qué haces? ¡[6] ............................ ahora mismo y [7] ............................ las tareas!

**2.1** [27] Vuelve a escuchar y relaciona cada diálogo con lo que expresa.

Diálogo 1     a. Dar permiso.
Diálogo 2     b. Dar órdenes.
Diálogo 3     c. Recomendar y aconsejar.
Diálogo 4     d. Dar instrucciones.

# 7

**1.1 En parejas** Lee el siguiente texto y explica de qué modo hace Miguel sus compras. Señala las palabras que te ayudan a deducir la respuesta.

> Yo siempre hago las compras así porque es más barato, más cómodo y puedes leer información y opiniones de otros usuarios. Compro siempre con tarjeta de crédito porque muchas compañías protegen a los clientes que utilizan este tipo de tarjetas. También leo atentamente la información sobre privacidad de datos. ¡Hazlo siempre!

**1.2 Todo el grupo** ¿Qué recursos utilizaste para aprender de manera eficaz las palabras relacionadas con la publicidad y las compras en línea? Ordénalos de más a menos eficaces según tu opinión. Luego comparte tu clasificación con tus compañeros/as.

1. ☐ Relaciono las palabras con imágenes.
2. ☐ Escribo listas de palabras relacionadas con ese ámbito.
3. ☐ Aprendo las palabras mediante la lectura de textos breves.
4. ☐ Memorizo las nuevas palabras.
5. ☐ Otros recursos: ........................................................

**3 En grupos pequeños** ¿Sabes expresar órdenes o peticiones? Mira las imágenes. ¿Qué les dices a estas personas? Hay varias posibilidades. Fíjate en el ejemplo.

Ejemplo: *Apaga la tele, es tarde.*
*¿Puedes apagar la tele, por favor?*

Unidad 7 | En línea     ciento trece | 113

# Palabras

**1** **En parejas** Estas palabras están relacionadas con internet y el mundo de la publicidad. ¿Sabes qué significan? Coméntalo con tu compañero/a.

banderola o *banner* | red social | etiqueta o *hashtag* | mensaje
buscador | visita | frecuencia | boletín

**1.1 En parejas** Relaciona las definiciones con las palabras anteriores para comprobar tu respuesta.

1. _____ Número de veces que se publica un comercial en un sitio web.
2. _____ Palabra o serie de palabras precedida por el símbolo de almohadilla (#).
3. _____ Página web en la que los internautas intercambian información creando una comunidad virtual.
4. _____ Acceso de una persona a un sitio web.
5. _____ Formato publicitario en internet con imágenes. A veces es interactivo y animado.
6. _____ Publicación periódica enviada por correo electrónico a los usuarios de una web.
7. _____ Sistema informático para encontrar información almacenada en servidores web.
8. _____ Texto escrito u oral que se envía a otra(s) persona(s).

**LÉXICO**

En Latinoamérica es más frecuente que en España utilizar algunos de estos términos en inglés.

› *banner*:
La versión gratis se financia mostrando un **banner** con publicidad en su interfaz.

› *hashtag*:
El **hashtag** se incluye dentro del mensaje anteponiendo el símbolo # a la palabra.

**1.2 En parejas** Lee las frases y sustituye las palabras destacadas por las correctas. Fíjate en el contexto.

1. Me encanta lo que dicen **los buscadores** de la red social de Ana. ¡Son tan divertidas!
2. Ayer me llegó al correo electrónico el último **mensaje** de tu web.
3. Lo que menos me gusta de internet son **las redes sociales**. Me pongo muy nervioso cuando aparece uno de ellos porque no me deja leer la noticia.
4. Raúl no puede vivir sin **las etiquetas**. Dice que es la mejor forma para comunicarse con amigos, conocer gente, hacer publicidad…
5. Sara fue muy desagradable en su último **boletín**. Si sigue así, la voy a bloquear.
6. Para saber si una web es de calidad, debemos contabilizar **la frecuencia**.
7. **Las visitas** de un comercial en un sitio web es un factor importante para su éxito.
8. Mi vida profesional es más fácil con **los banners**. Si tengo alguna duda o quiero buscar algo, los consulto.

## 2. En grupos pequeños
Ana hace muchas compras en línea. Reescribe las frases utilizando las expresiones del recuadro.

- garantía por daño
- tarjeta de crédito
- reputación
- costos de envío
- política de devolución y reembolso del dinero

1. Me gusta saber la opinión de otros consumidores, comprobar si están satisfechos o no.
   > Me gusta investigar sobre la .................................................. de la compañía.
2. Quiero saber qué pasa si un producto está dañado.
   > Quiero saber si existe ..................................................
3. Me informo sobre qué sucede si un producto no me gusta y quiero regresarlo. ¿Me depositan el dinero en mi cuenta?
   > Me informo sobre la ..................................................
4. Quiero saber si tengo que pagar por el envío de la compra.
   > Quiero saber si existen ..................................................
5. No me gusta que retiren el dinero inmediatamente de mi cuenta bancaria.
   > Utilizo una ..................................................

**2.1** [28] Ahora escucha a Ana, comprueba si las respuestas anteriores son correctas y corrígelas en caso necesario.

**2.2** [28] Escucha de nuevo y relaciona la información.

1. Ana busca siempre la identidad de las compañías…
2. En la página web se debe informar de si existe política de devolución…
3. Muchas compañías no informan de los costos de envío…
4. Las tarjetas de crédito…
5. Ana quiere saber si hay una garantía en la compra del producto…

a. y luego los cobran.
b. son más seguras que las tarjetas de débito.
c. porque algunas no son conocidas.
d. porque a veces se compran cosas y al poco tiempo no funcionan.
e. y de cómo hacen el reembolso.

## 3. Todo el grupo
¿Y tú? ¿Compras por internet como Ana? Comenta con tus compañeros/as lo que haces normalmente y por qué.

# Gramática

## 1 Imperativo afirmativo y negativo

> Recuerda:
> Hay verbos con cambios ortográficos: *no apagues, practique, no elijas, realice...*

- **Imperativo afirmativo regular**:

|  | Hablar | Beber | Vivir |
|---|---|---|---|
| tú | habla | bebe | vive |
| usted | hable | beba | viva |
| vosotros/as | hablad | bebed | vivid |
| ustedes | hablen | beban | vivan |

- El **imperativo afirmativo irregular** mantiene las irregularidades vocálicas del presente de indicativo:

  e › ie: piensa, piense, pensad, piensen        e › i: pide, pida, pedid, pidan
  o › ue: cuelga, cuelgue, colgad, cuelguen      i › y: huye, huya, huid, huyan
  u › ue: juega, juegue, jugad, jueguen

- Otros irregulares:

  **sé**, **sea**, sed, **sean**        **pon**, **ponga**, poned, **pongan**        **ve**, **vaya**, id, **vayan**
  **ten**, **tenga**, tened, **tengan**    **sal**, **salga**, salid, **salgan**        **di**, **diga**, decid, **digan**
  **haz**, **haga**, haced, **hagan**    **ven**, **venga**, venid, **vengan**        **oye**, **oiga**, oíd, **oigan**

- El **imperativo negativo** se forma a partir de la forma *usted* del afirmativo añadiendo *-s* para *tú* e *-is* para *vosotros/as*:

|  | Hablar | Beber | Vivir |
|---|---|---|---|
| tú | no hables | no bebas | no vivas |
| usted | no hable | no beba | no viva |
| vosotros/as | no habléis | no bebáis | no viváis |
| ustedes | no hablen | no beban | no vivan |

- El **imperativo negativo irregular** tiene, por regla general, las mismas irregularidades que la forma *usted* del imperativo afirmativo:

| Empezar | Dormir | Pedir | Sentir | Tener | Salir | Decir |
|---|---|---|---|---|---|---|
| no empieces | no duermas | no pidas | no sientas | no tengas | no salgas | no digas |
| no empiece | no duerma | no pida | no sienta | no tenga | no salga | no diga |
| no empecéis | no durmáis | no pidáis | no sintáis | no tengáis | no salgáis | no digáis |
| no empiecen | no duerman | no pidan | no sientan | no tengan | no salgan | no digan |

### GRAMÁTICA

- El pronombre (vos) tiene una forma propia para el imperativo afirmativo que es siempre regular: *decí, salí, vení, tené, hacé, poné, medí, jugá, queré, oí...*
- La forma voseante del imperativo negativo, tanto regular como irregular, se forma a partir de la persona *vosotros/as* del imperativo negativo que acabas de estudiar, suprimiendo la *i* de la terminación: *no cantéis › no cantés; no seáis › no seás; no tengáis › no tengás; no durmáis › no durmás...*
  *No empecés a interrumpirme, Maruja. Vos sabés que en los sueños pasa de todo.*

**1.1** Transforma los imperativos afirmativos en negativos.

1. Compra esa computadora. ........................
2. Deja prendida la pantalla. ........................
3. Deme sus datos bancarios. ........................
4. Regresen ustedes mañana. ........................
5. Respondan en español. ........................
6. Escribe en el libro. ........................
7. Miren las soluciones. ........................
8. Haz una lista. ........................

116 | ciento dieciséis        Unidad 7 | En línea

**1.2** Completa la frases con los verbos en imperativo afirmativo o negativo, según corresponda.

1. ........................... (Abrir) usted la valija y ........................... (mostrar) el contenido.
2. Niños, ........................... (cruzar), que hay muchos carros.
3. Ustedes dos, ........................... (dormirse), que empieza el filme.
4. Okey, dale, voy, pero tú ........................... (gritarme), que me pongo nerviosa.
5. ........................... (Caminar, usted) todos los días media hora a paso rápido para hacer ejercicio.
6. Paco, por favor, ........................... (ir) al súper y ........................... (comprar) aceite, arroz, un pollo y algo de fruta, pero ........................... (traer) tortillas, que las compré yo esta mañana.
7. Está bien rico, pero un poco soso, ........................... (poner, tú) una pizca de sal.
8. ........................... (Pensar) ustedes en la dificultades, ........................... (ser) positivos.
9. Carlitos, por favor, ........................... (ordenar) ahora mismo tu cuarto.

## 2 Imperativo y pronombres

- En el imperativo **afirmativo** los pronombres van después del verbo y forman una sola palabra con él (ábre**la**, levánte**se**).
  - Cuando hay dos pronombres, uno de objeto directo y otro de objeto indirecto, el orden es: imperativo + pronombre de OI + pronombre de OD: *dímelo*.
  - Como ocurre con otras formas verbales, si el objeto indirecto es de 3.ª persona *(le, les)* y coincide con un objeto directo *(lo, la, los, las)*, *le*, *les* se sustituyen por *se*: *díselo*.
- En el imperativo **negativo** los pronombres se colocan delante del verbo, igual que ocurre con otros tiempos verbales:

   No **lo** comas.     No **se** acuesten tan tarde.     No **se lo** den.

**2.1** **En parejas** Nicole publica un artículo en sus redes sociales con instrucciones de cómo hacer una compra en línea de forma segura. Sustituye las palabras resaltadas por un pronombre.

Para hacer una **buena compra por internet**, debes tomar en cuenta muchos factores:

▶ Es importante asegurarse de que la compañía existe. Busca la compañía por internet. Mira si tiene página web y visita la página web.

▶ Un buen antivirus te va a ayudar a hacer la compra de manera segura. Utiliza el antivirus.

▶ ¿Conoces el producto que vas a comprar? Lee con mucha atención la descripción del producto y no compres el producto sin leer antes las condiciones.

▶ Tu computadora es el mejor lugar para hacer compras en línea. No realices compras en línea desde una computadora ajena o desde una red wifi abierta.

▶ Introduce el número de tu tarjeta de crédito o débito. Si hay gente a tu alrededor, no muestres tu número a la gente.

¡Disfruta de comprar por internet!

# Practica en contexto

**1** **En grupos pequeños** Observa estos comerciales y di qué tienen en común. ¿Cuál de los tres medios publicitarios te parece más efectivo? ¿Por qué?

Solo los días 9, 10 y 11 de febrero, 15 % de descuento en tecnología. Oferta exclusiva para socios. Más info en tecn.cc/10mzqy

Comida saludable
9 de Julio

¡Desayunos deliciosos y saludables! Naturales, sin aditivos y llenos de energía.
www.desayunosdeliciosos.com

Me gusta    Comentar    Compartir

Saltar comercial

**1.1** Lee los comentarios de este foro sobre publicidad y escribe una entrada. Fíjate en las expresiones en negrita que indican obligación o posibilidad.

## Publicidad y éxito

**Ana** Con la publicidad en internet **se puede llegar** a muchas personas y no es necesario invertir mucho dinero. El comercial **tiene que tener** un buen diseño y su título o eslogan **debe ser** claro, original y breve.

**Esteban** Internet **puede ser** un buen medio para anunciar un producto, pero, si quieres tener éxito, **debes hacerlo** en televisión. Casi todos vemos la tele a diario y siempre escuchamos lo que nos quieren vender. En cambio, cuando leemos un artículo por internet y aparece un *banner* lo cerramos rápidamente sin mirarlo.

**Marcos** Primero **tienes que conocer** bien el medio y saber por qué la publicidad en internet es tan importante. Luego **puedes ver** qué tipos de comerciales existen y asesorarte. Si lo haces bien y creas una buena campaña de publicidad en línea, ganarás mucho dinero.

**Sara** Ahora la televisión o la radio ya no son tan efectivos como antes. Por ello **debes tener** una presencia activa en las redes sociales. También es muy importante contar con una buena estrategia de *marketing* en línea.

**Yo** ........................................................................
........................................................................
........................................................................

118 | ciento dieciocho                    Unidad 7 | En línea

**1.2** **En grupos pequeños** Ahora intercambia impresiones sobre este tema con tus compañeros de grupo.

**Expresar obligación**

- **Deber** + infinitivo
  *El título de un comercial **debe** ser breve y conciso.*

- **Tener que** + infinitivo
  *Los comerciales **tienen que** tener un diseño llamativo y un banner muy visual.*

**Expresar posibilidad o capacidad**

- **Poder** + infinitivo
  *Haremos la fiesta dentro de casa porque **puede** llover.*
  *Con internet **podemos** llegar a un mayor número de personas por poco dinero.*

> Yo creo que una buena publicidad en televisión o radio puede ser muy efectiva.

> Sí, pero cada vez menos. Hoy en día debes anunciar tu producto en internet porque si no...

**2** [29] Adriana escribe a un amigo para contarle lo que oyó en una conferencia sobre publicidad en internet, pero no entendió todo bien y hay cuatro datos incorrectos. Lee el correo, luego escucha la conferencia, anota los errores y corrígelos.

---

De: adriana@mail.com   Para: david@mail.com   Asunto: Nuevo negocio a la vista

¡Hola, David! ¡Qué onda! ¿Cómo estás?

Yo sigo entusiasmada con la idea de montar nuestra compañía 😊. Ayer fui a una conferencia en la que un experto hablaba de la importancia de las redes sociales para promocionar cualquier tipo de producto. La charla fue muy interesante, aunque hay cosas que creo que no entiendo 🤔.

Lo primero que dice es que tenemos que elegir una sola red social: una relacionada con nuestro negocio y con muchos seguidores. Además comenta que es muy importante incluir etiquetas específicas para nuestra audiencia, pero sin almohadilla para no destacarlas demasiado del resto de la información... A mí esto me parece un poco raro, la verdad. También habló de los comerciales. Cree que tenemos que usar comerciales en las redes, pero con cuidado, porque pueden tener un efecto negativo en nuestro negocio. Y le parecía que utilizar material audiovisual no aportaba nada; ¡qué extraño! ¿no crees?

Hay cosas que me parecen poco lógicas... ¿Qué te parece si buscamos la conferencia en internet y la escuchamos juntos? Yo creo que no me enteré muy bien... ¿Me ayudas?

¡Muchos besos!

Adriana

---

| Error | Correcto |
|---|---|
| 1. *[...] elegir una sola red social: una relacionada con nuestro negocio.* | 1. |
| 2. | 2. |
| 3. | 3. |
| 4. | 4. |

Unidad 7 | En línea

### Dar consejos, instrucciones y órdenes

- Para dar **consejos** e **instrucciones** es muy frecuente el uso del imperativo:

  *Lean* bien los enunciados del examen antes de contestar. Así evitarán errores.

  *Disfruten*. ¡Están de vacaciones!

  *Sigue* recto y *toma* el metro en la plaza de América.

- Para dar **órdenes** se usa el imperativo en situaciones familiares o donde hay confianza. También se puede usar en otros contextos, pero acompañado de palabras como *por favor, si no te importa, si no es molestia*, etc., para no ser descorteses:

  *No entres* en la cocina. El piso está mojado.

  *Mario, por favor, si no te importa, tráeme el informe del Sr. Ávalos.*

- En las órdenes generales y letreros dirigidos a un interlocutor desconocido, también puede usarse el imperativo:

  *Maneje* con precaución.

  *Tengan* cuidado con el escalón.

**3** **En grupos pequeños** Tu mejor amigo/a quiere hacer publicidad de su nuevo negocio en internet y está un poco confuso/a. Combina los verbos y las expresiones para darle consejos e instrucciones utilizando el imperativo. Puede haber varias opciones.

elegir | utilizar, usar | buscar | poner en marcha
incluir | publicar | incentivar | diseñar

> Publica videos sobre el funcionamiento de tus productos: cómo se preparan, cuáles son sus ventajas...

dominio | banderola o *banner* | imagen de marca
etiqueta o *hashtag* | foto impactante | concurso
red social | video | contenido
comercial | usuario | palabra clave
mensaje

**3.1 Todo el grupo** ¿Alguna vez hiciste tú o alguien de tu entorno publicidad en internet? ¿De qué? ¿Cómo lo hicieron? ¿Obtuvieron buenos resultados?

**4** **Todo el grupo** Fíjate en la siguiente imagen. ¿A qué tipo de compañía crees que hace referencia? ¿Cuáles son las más conocidas tu país? ¿Tú usas alguna? ¿Cuál?

**4.1** [30] Tres personas hablan de sus experiencias al comprar por internet. Escúchalas con atención, lee las afirmaciones y señala a quién corresponde cada una.

|   | Alba | Martín | Juanjo |
|---|---|---|---|
| 1. Cree que debemos desconfiar cuando un producto es demasiado barato. | ☐ | ☐ | ☐ |
| 2. Lo más seguro es comprar en foros donde la comunidad es más o menos conocida. | ☐ | ☐ | ☐ |
| 3. Compró un producto de segunda mano y poco después de comprarlo ya no funcionaba. | ☐ | ☐ | ☐ |
| 4. Compra y también vende muchas cosas por internet y nunca tuvo problemas. | ☐ | ☐ | ☐ |
| 5. No tuvo ningún problema con la compra de ropa por internet. | ☐ | ☐ | ☐ |

**4.2** ¿Tuviste tú o alguien de tu entorno alguna experiencia similar? ¿Con quién te sientes más identificado/a? Escribe un texto para explicar tu experiencia y dar tus propios consejos para comprar por la red de manera segura. Toma como muestra el audio de la actividad anterior.

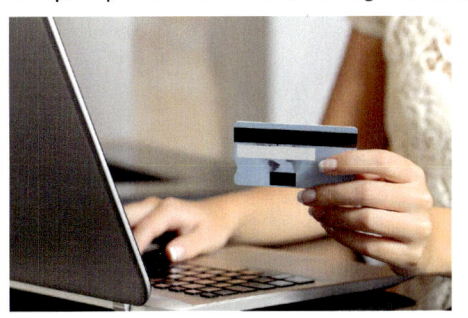

*No compres en una página o compañía desconocida porque…*

**4.3** **Todo el grupo** Comparte con tus compañeros/as tu experiencia y tus consejos. ¿Cuál de ellos crees que es el más importante?

**5** **En parejas** Mira las fotos y, según la situación, pide permiso o formula peticiones a tu compañero/a o bien concédele permiso o responde afirmativamente.

Ejemplo: ▶ *¿Puedo tomar prestado tu paraguas?/ Préstame tu paraguas, por favor; es que está lloviendo y tengo que salir un momento.*
▷ *Por supuesto, dale, tómalo.*

### Pedir permiso y formular peticiones

Para **pedir permiso** y **formular peticiones**, puedes usar:
- ¿*Poder* + infinitivo?
  *¿Puedo pasar?*
  *¿Podemos salir antes de clase?*
- Imperativo
  *Ayúdame a terminar este trabajo, por favor.*
  *Compren el pan antes de regresar a casa.*

### Conceder permiso

Para **conceder permiso** y **responder afirmativamente** a una petición, puedes usar:
- *Sí, sí,/Claro que sí,/Desde luego,/Por supuesto/Dale,* + imperativo
  ▶ *¿Puedo entrar?*
  ▷ *Por supuesto, pasa.*
- Imperativo **repetido**
  *Sí, pasa, pasa.*

### Negar el permiso

Para **negar el permiso** y **responder negativamente** a una petición, se usa:
- *No, lo siento, es que* + excusa o justificación
  ▶ *¿Puedo cerrar la ventana?*
  ▷ *No, lo siento, es que hace muchísimo calor.*

Unidad 7 | En línea

# PUBLICIDAD
## (NO) RESPONSABLE

**1** **Todo el grupo** Fíjate en los comerciales ficticios de estas páginas. ¿Te parecen éticos? Justifica tu respuesta.

CON PAPITAS FRITAS Y REFRESCO INCLUIDOS

$ 2.99
OFERTA LIMITADA

100% BIO

¡PRUÉBAME!

Burgerin

nuevo
PRISMA 360
100 % eléctrico

Porque te lo mereces

TOTALMENTE ELÉCTRICO | 610 km autonomía estimada | 3.7 sg 0 a 100 km hora | 120 km en 10 min de carga

PRISMA

NUEVO
LAVARROPAS HQ800

CON HOGAR CONECTADO

¡SÚPER OFERTA!

CÓMPRASELO
POR EL DÍA DE LA MADRE

Deja que ella se despreocupe de la colada gracias al nuevo lavarropas ALVA con inteligencia HQ800, que detecta por sí solo el tipo de tejido, el nivel de carga y el grado de suciedad de la ropa, ofreciendo una limpieza perfecta en menos de 1 hora gracias al programa AV-59, que elimina todo tipo de manchas sin ningún esfuerzo.

Además, con el exclusivo sensor HOGAR CONECTADO, podrá controlar el lavarropas desde su propio celular.

ELECTRODOMÉSTICOS
ALVA

122 | ciento veintidós

Unidad 7 | En línea

**4.2** ¿Tuviste tú o alguien de tu entorno alguna experiencia similar? ¿Con quién te sientes más identificado/a? Escribe un texto para explicar tu experiencia y dar tus propios consejos para comprar por la red de manera segura. Toma como muestra el audio de la actividad anterior.

*No compres en una página o compañía desconocida porque…*

**4.3** **Todo el grupo** Comparte con tus compañeros/as tu experiencia y tus consejos. ¿Cuál de ellos crees que es el más importante?

**5** **En parejas** Mira las fotos y, según la situación, pide permiso o formula peticiones a tu compañero/a o bien concédele permiso o responde afirmativamente.

Ejemplo: ▶ *¿Puedo tomar prestado tu paraguas?/ Préstame tu paraguas, por favor; es que está lloviendo y tengo que salir un momento.*
▷ *Por supuesto, dale, tómalo.*

### Pedir permiso y formular peticiones

Para **pedir permiso** y **formular peticiones**, puedes usar:
- ¿*Poder* + infinitivo?
  *¿Puedo pasar?*
  *¿Podemos salir antes de clase?*
- Imperativo
  *Ayúdame a terminar este trabajo, por favor.*
  *Compren el pan antes de regresar a casa.*

### Conceder permiso

Para **conceder permiso** y **responder afirmativamente** a una petición, puedes usar:
- *Sí, sí,/Claro que sí,/Desde luego,/Por supuesto/Dale,* + imperativo
  ▶ *¿Puedo entrar?*
  ▷ *Por supuesto, pasa.*
- Imperativo **repetido**
  *Sí, pasa, pasa.*

### Negar el permiso

Para **negar el permiso** y **responder negativamente** a una petición, se usa:
- *No, lo siento, es que* + excusa o justificación
  ▶ *¿Puedo cerrar la ventana?*
  ▷ *No, lo siento, es que hace muchísimo calor.*

Unidad 7 | En línea

# PUBLICIDAD (NO) RESPONSABLE

**1** **Todo el grupo** Fíjate en los comerciales ficticios de estas páginas. ¿Te parecen éticos? Justifica tu respuesta.

CON PAPITAS FRITAS Y REFRESCO INCLUIDOS

$ 2.99
OFERTA LIMITADA

100% BIO

¡PRUÉBAME!

Burgerin

nuevo
PRISMA 360
100 % eléctrico

Porque te lo mereces

610 km autonomía estimada | 3.7 sg 0 a 100 km/hora | 120 km en 10 min de carga

TOTALMENTE ELÉCTRICO

PRISMA

NUEVO
LAVARROPAS HQ800

CON HOGAR CONECTADO

¡SUPER OFERTA!

CÓMPRASELO
POR EL DÍA DE LA MADRE

Deja que ella se despreocupe de la colada gracias al nuevo lavarropas ALVA con inteligencia HQ800, que detecta por sí solo el tipo de tejido, el nivel de carga y el grado de suciedad de la ropa, ofreciendo una limpieza perfecta en menos de 1 hora gracias al programa AV-59, que elimina todo tipo de manchas sin ningún esfuerzo.

Además, con el exclusivo sensor HOGAR CONECTADO, podrá controlar el lavarropas desde su propio celular.

ELECTRODOMÉSTICOS
ALVA

Las compañías gastan millones todos los años en publicidad. Para muchos es un dinero que se podría dedicar a mejorar la calidad del producto, a bajar los precios o a mejorar la atención al cliente. Otros, sin embargo, creen que la publicidad cumple una función importante en la sociedad.

**2** Lee las siguientes frases sobre la publicidad y subraya la información con la que estás de acuerdo.

💬 "Soy publicista [...] Os drogo con novedad, y la ventaja de lo nuevo es que nunca lo es durante mucho tiempo. Siempre hay una nueva novedad que consigue envejecer a la anterior. [...] En mi profesión nadie desea vuestra felicidad, porque la gente feliz no consume".

Extraído y adaptado de *13.99 euros*, de Frédérick Beigbeder

💬 "La publicidad es el arte de convencer a la gente para gastar el dinero que no tiene en cosas que no necesita".

Will Rogers

💬 "La publicidad y la promoción por sí solas no van a sostener un mal producto o un producto que no es el adecuado para la época".

Akio Morita

💬 "El *marketing* es un mecanismo para comprometerse con los consumidores en cuestiones que realmente les importan".

Grupo Unilever

**2.1** <mark>En grupos pequeños</mark> ¿Qué piensas tú de la publicidad? Usa la información anterior y los siguientes argumentos a favor y en contra de esta actividad para defender tu postura.

### A FAVOR

✅ Es una herramienta para cambiar el mundo debido a su capacidad de influir en las personas.
✅ Puede ofrecer soluciones a problemas comunes de la vida diaria.
✅ Puede difundir buenas actitudes en la sociedad.
✅ Es necesaria para dar a conocer buenos productos.
✅ Financia contenidos que, de otra manera, no podrían difundirse gratuitamente.

### EN CONTRA

❌ Manipula los deseos de los consumidores, pues gastan en un producto más dinero del que realmente cuesta.
❌ Fomenta el consumismo.
❌ Genera estereotipos, especialmente sobre algunos colectivos como, por ejemplo, el de la mujer.
❌ Promueve el "Tú lo vales" o lo que es lo mismo: cuanto más consumes, más vales.
❌ En muchas ocasiones, atribuye a los productos cualidades que en realidad no tienen.

**3** ¿Conoces la contrapublicidad? Lee el siguiente texto para saber en qué consiste.

Es un movimiento de crítica a la publicidad y a las grandes compañías y multinacionales que la utilizan. Surge entre las personas preocupadas por el desarrollo sostenible y el efecto negativo de algunos de los productos que se promocionan. Para luchar contra este modelo de publicidad, modifican los comerciales que quieren denunciar, manipulando elementos visuales o de texto, de forma que el contenido cambia y muestra la realidad del producto que se quiere vender.

**3.1** <mark>Todo el grupo</mark> ¿Qué te parece este movimiento?

# HOSTAL Babel

**Video** | **Lámparas *online***

## Antes del video

**1** Piensa en tres redes sociales que usas y descríbelas brevemente por escrito.

...........................................................................................................................................................
...........................................................................................................................................................
...........................................................................................................................................................
...........................................................................................................................................................

**1.1** **Todo el grupo** Ahora lee las descripciones en voz alta sin decir de qué redes sociales se tratan. Tus compañeros/as tienen que adivinar cuáles son.

**1.2** **Todo el grupo** ¿Usas las mismas redes sociales que tus compañeros/as? ¿Hay alguna específica que prefieres? ¿Por qué?

**2** **En parejas** Ya conoces bien a los protagonistas del hostal Babel. En este episodio intervienen Bea, Tere y Carla, y en algún momento hablan de Leo. Con la información que tienes, imagina qué red social utiliza cada uno de ellos.

| TERE | CARLA | BEA | LEO |

**2.1** **En parejas** Fíjate en el gesto de Bea. ¿Qué consejo crees que les da a sus amigas sobre las redes sociales?

## Durante el video

**3** Visiona el fragmento 00:30 ▶ 03:15, toma notas y comprueba tus respuestas anteriores.

☞ Tomar notas durante una proyección audiovisual te ayudará a retener la información importante y te permitirá realizar la tarea propuesta con más eficacia.

124 | ciento veinticuatro    Unidad 7 | En línea

## 4
Visiona el fragmento 03:15 ▶ 04:15 y relaciona la información con Bea (B), Tere (T) o Carla (C).

1. ☐ Desconfía de las compras por internet.
2. ☐ No le gustan mucho las compras en línea.
3. ☐ Quiere hacer una compra en línea.
4. ☐ Cree que comprar por internet es seguro.
5. ☐ Piensa que se puede comprar de todo por internet.
6. ☐ Es la primera vez que compra por internet.

## 5
Visiona el fragmento 04:15 ▶ 05:41 y completa el diálogo con las expresiones que faltan.

**Carla:** ¿Ya encontraste [1] ................................ que estabas buscando?

**Bea:** Creo que sí. Pero mira, me sale esto que no sé qué es…

**Tere:** Eso es [2] ................................. Ignóralo.

**Bea:** ¿Ignorarlo? ¿Cómo?

**Carla:** [3] ................................ para cerrar.

**Bea:** Vale, ya. Cerrado.

**Tere:** Ahí tienes la lámpara. Es esa, ¿verdad? Pues [4] ................................ ahí para seleccionarla.

**Bea:** Sí, pero mira, me sale otro *banner* de esos.

**Tere:** [5] ................................, solo es publicidad de otra lámpara. [6] ................................. Tú pulsa directamente en [7] ................................ "comprar".

**Bea:** Espera, en este *banner* me sale esta otra lámpara: "Flexo de lectura". [8] ................................, eso parece interesante… Creo que voy a comprar este flexo para el salón.

**Tere:** Oye, pero eso no es lo que necesitabas, ¿no?

**Bea:** No, pero ya te he dicho que este catálogo *online* es muy interesante.

**Carla:** Pero, querida, [9] ................................ de lo que realmente querés comprar.

**Bea:** Sí, es cierto… Vamos a comprar la… ¡[10] ................................! Esta otra lámpara blanca es perfecta para la cocina. ¡Es estupenda! ¡Quiero comprarla también!

**Carla:** ¡Pero, Bea!

**Bea:** [11] ................................ ¡Oferta de dos lámparas al precio de una! Voy a comprar las dos.

**Tere:** ¡Bea!

**Bea:** ¡Y, si compras tres, no te cobran [12] ....................! ¡Qué bueno! Voy a comprar esta también.

## Después del video

## 6
**En parejas** En el video, Bea está haciendo una compra por internet. ¿Cuál era su intención antes de ingresar en la página web? ¿Y después? Coméntalo con tu compañero/a.

## 7
**Todo el grupo** El episodio termina con la frase: "¡No te dejes manipular por los anuncios, amiga mía!". ¿Piensas que la publicidad en internet influye para que compremos más? ¿Crees que es más fácil comprar cosas innecesarias cuando se hace por internet?

> Fíjate:
> En Latinoamérica, para hablar de una publicidad concreta, es más frecuente usar el término *comercial*. En España se usa la palabra *anuncio*.

Unidad 7 | En línea                         ciento veinticinco | 125

# Evaluación

**1** Escribe cuatro palabras relacionadas con los siguientes ámbitos.

| Publicidad en internet | Compras en línea |
|---|---|
| 1. ................................ | 1. ................................ |
| 2. ................................ | 2. ................................ |
| 3. ................................ | 3. ................................ |
| 4. ................................ | 4. ................................ |

**2** Elige cuatro de las palabras anteriores y escribe una frase con sentido con cada una de ellas.

1. ...........................................................................................................................................
2. ...........................................................................................................................................
3. ...........................................................................................................................................
4. ...........................................................................................................................................

**3** ¿Cuál es la función del imperativo en las siguientes frases?

1. Al llegar al hotel, gira a la derecha.

2. Lee el informe con calma. Es bien complicado.

3. ¡No me hables!

4. ▶ ¿Puedo ir a la fiesta, por favor?
▷ De acuerdo, ve, pero regresa pronto, ¿eh?

**4** **En parejas** Completa los siguientes consejos con los verbos del recuadro en imperativo negativo. En algunos casos hay varias soluciones posibles. Luego piensa un título para el decálogo.

| colgar | introducir | abrir | olvidar | dar | hacer | publicar | usar | dejar | ingresar |

## DECÁLOGO PARA ............................................................

1. ........................... fotos de menores sin el consentimiento de sus papás o responsables.
2. ........................... siempre la misma contraseña.
3. ........................... datos personales si estás usando una red wifi pública.
4. ........................... información de tu viaje si estás fuera de vacaciones.
5. ........................... correos electrónicos de desconocidos.
6. ........................... en páginas de descargas ilegales.
7. ........................... borrar datos del navegador.
8. ........................... clic en enlaces poco fiables.
9. ........................... información personal a desconocidos en redes sociales.
10. ........................... de seguir nunca los consejos anteriores.

**5** Dale a tu compañero/a cinco instrucciones para hacer una compra en línea segura. Pueden ser afirmativas o negativas.

1. ........................................................................................................................................................
2. ........................................................................................................................................................
3. ........................................................................................................................................................
4. ........................................................................................................................................................
5. ........................................................................................................................................................

**6** Reescribe las frases sustituyendo las partes en negrita por pronombres.

1. Busca **la compañía** por internet. ...............................................
2. No compres **los libros a tus hijos** por internet. ...............................................
3. Paga **la compra** ahora. ...............................................
4. No realices **pagos en línea** desde una red pública. ...............................................
5. No muestres **tu número a la gente**. ...............................................

**7** Lee las frases y escribe el consejo que le/s puedes dar.

1. Tu papá come demasiado y últimamente subió de peso.
   ...............................................................................................
2. Lucía y Nico están gritando y molestan a sus compañeros.
   ...............................................................................................
3. No hace frío y los niños van muy abrigados.
   ...............................................................................................
4. Tu amigo/a duerme muchas horas y luego está cansado/a.
   ...............................................................................................
5. La conferencia va a comenzar y los asistentes no entraron aún.
   ...............................................................................................

**8** Completa las frases con las palabras del recuadro.

| estereotipos | gratuitos | protestar | productos | manipular |

1. Gracias a la publicidad, podemos disfrutar de contenidos audiovisuales ............................... en televisión o internet.
2. La mala publicidad trata de ............................... a los consumidores para comprar productos que no necesitan.
3. La contrapublicidad es un movimiento para ............................... contra la mala publicidad.
4. Algunos comerciales fomentan ............................... negativos sobre colectivos como los jóvenes o la mujer.
5. La publicidad permite conocer los buenos ............................... y sus características.

**9** ¿Qué contenido de esta unidad crees que debes trabajar más? Piensa en un modelo de actividad para practicarlo: de gramática, de léxico, de comprensión de lectura, de práctica oral, etc., y explica por qué crees que es la actividad más adecuada.

Creo que debo trabajar más ...............................................................................................
Puedo mejorar este contenido haciendo una actividad de ............................................... porque
...............................................................................................................................................
...............................................................................................................................................

Unidad

# 8 Compartir espacios

¿Qué están haciendo los miembros de esta familia?

¿Sabes el nombre de alguna de estas tareas?

¿Hay alguna tarea del hogar que te gusta hacer?

### En esta unidad vas a...

- Expresar deseos
- Dar consejos
- Expresar permiso y prohibición
- Conocer algunos ritmos latinos y a sus principales representantes

# ¿Qué sabes?

**1** **En grupos pequeños** Observa la imagen de la casa y completa los nombres de las estancias y objetos señalados.

1. c......in....
2. ....ue........a
3. .......rr....z....
4. ....la........a
5. l....br....r....
6. ...........á
7. .........ll....n
8. .........l....
9. ....or........t.....i....
10. c........a
11. .........nt....n....
12. b.......o
13. ....i....l....
14. .........s....

**2** **En parejas** Vas a ayudar a un/a amigo/a con la decoración de su sala. Dile dónde puede poner cada cosa.

Para **dar consejos** puedes usar estas expresiones:
- Te aconsejo
- Te recomiendo     + infinitivo
- Puedes

- Imperativo

*Puedes poner el sofá a la derecha, debajo de la ventana.*
*Coloca la mesa en el centro del cuarto.*

130 | ciento treinta

Unidad 8 | Compartir espacios

### LÉXICO

Latinoamérica ▸ sala : *Cruza la **sala**, desde su habitación hasta una puerta que debe de conducir al baño.*
Argentina ▸ *living* : *Toman el café recién preparado en el **living**.*
España ▸ salón : *Juan fue derecho a sentarse en el sofá del **salón**.*

Latinoamérica y España ▸ dormitorio, cuarto, habitación :
*Cuando entran al **dormitorio** se ve que hay un juego de dos camas simples, una sin tender.*
*En el corredor del primer piso las puertas de los **cuartos** están cerradas.*
*Dormimos las dos en su **habitación** y nos pasamos horas hablando y escuchando sus discos.*
Argentina ▸ pieza : *"¿Van a pasar acá la noche? Hay **piezas** disponibles" –les indica Rosa.*

**1.1** **En grupos pequeños** ¿Conoces el nombre de algún otro mueble, objeto doméstico o parte de la casa de los que aparecen en la imagen de la actividad 1? ¿Y de los que no están? Haz una lista e indica cuál es su sitio habitual en la casa.

Ejemplo: *El televisor lo podemos poner en la sala, pero también en el dormitorio o en la cocina porque es grande.*

**3** **En parejas** Observa la imagen. ¿Qué tienen que hacer los dueños de la casa para ordenar y dejar limpia la sala?

Ejemplo: *Tienen que limpiar la mesa.*

# Palabras

**1** Escucha la descripción que hace Marina de su nueva casa y completa.
[31]

1. Tiene el .................... muy alto porque es un .................... antiguo.
2. El .................... es de madera en casi toda la casa.
3. Excepto una .................... de la sala, que es gris, todo está pintado de blanco.
4. Hay un .................... que separa la sala de los dos dormitorios.
5. El departamento está completamente .................... .
6. La tina y el .................... son completamente nuevos.
7. El .................... es de esos modernos de cristal.
8. La .................... tiene *jacuzzi*.

**1.1** **En parejas** ¿Sabes qué significan todas las palabras de la actividad anterior? Si es necesario, vuelve a escuchar el audio. Luego relaciónalas con las imágenes.

**1.2** Ahora vuelve a escuchar el audio y subraya las palabras que cambian según la variante del español de España.
[31]

> Pues mi nuevo piso está muy bien y, además, es bastante barato. Tiene el techo muy alto porque es un edificio antiguo, pero está en muy buen estado. El suelo es de madera en toda la casa menos en la cocina y en el baño. Las paredes son todas blancas, excepto una pared del salón, que es gris. Hay un pasillo que separa el salón de los dos dormitorios; es bastante largo, pero muy luminoso porque tiene una ventana. El piso está completamente amueblado. Los muebles están muy bien: hay un armario en cada habitación, un sofá muy cómodo en el salón y un par de sillones. La cocina está bien equipada: tiene frigorífico, lavavajillas, lavadora... y todo bastante nuevo. Pero lo mejor es el baño: es muy bonito. La bañera y el váter son completamente nuevos. El lavabo es de esos modernos de cristal y la bañera tiene *jacuzzi*, ¡es genial!

**1.3** Escribe una descripción de tu casa utilizando el vocabulario nuevo que aprendiste.

132 | ciento treinta y dos

Unidad 8 | Compartir espacios

**2** **En parejas** Lee el plan de Esteban para mantener limpia su casa y escribe el día correspondiente debajo de cada imagen. ¿Te parece un buen plan? ¿Qué crees que debe cambiar?

- Lunes: limpiar el baño.
- Martes: pasar la aspiradora.
- Miércoles: poner el lavarropas.
- Jueves: trapear el piso.
- Viernes: sacar el polvo.
- Sábado: limpiar la cocina.
- Domingo: lavar los trastes.
- Cada día: sacar la basura.

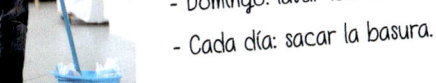

### LÉXICO

**Latinomérica**
- Limpiar el baño.
- Poner el lavarropas.
- Limpiar/Trapear el piso.
- Limpiar/Sacar el polvo.
- Limpiar la cocina.
- Lavar los trastes.
- Sacar la basura.

**España**
- Limpiar el baño.
- Poner la lavadora.
- Fregar el suelo.
- Limpiar/Quitar el polvo.
- Limpiar la cocina.
- Fregar los platos/cacharros.
- Bajar/Sacar la basura.

*Cuando terminamos, me ofrecí a recoger la mesa y a **lavar los trastes**.*
*Cocinar también significa **fregar los cacharros**. Cuantos menos cacharros se utilicen, mejor.*
*Lucía, resignada, va al baño, saca un trapero y se pone a **trapear el piso**.*
***Fregué el suelo** con jabón y luego con lejía.*

**2.1** [32] Esteban está mostrando su nuevo departamento a su amiga María Rosa y le explica su plan de limpieza. Escucha la conversación. ¿Qué piensa María Rosa del plan de Esteban?

**2.2** [32] Escucha el audio otra vez y escribe las tareas del hogar que corresponden a estas tres imágenes.

**2.3** **En parejas** ¿Qué tareas del hogar prefieres hacer tú? ¿Cuáles te gustan menos?

Unidad 8 | Compartir espacios

# Gramática

## 1 Presente de subjuntivo regular

El **presente de subjuntivo regular** tiene las siguientes terminaciones:

|  | Trabajar | Comer | Escribir |
|---|---|---|---|
| yo | trabaje | coma | escriba |
| tú | trabajes | comas | escribas |
| él, ella, usted | trabaje | coma | escriba |
| nosotros/as | trabajemos | comamos | escribamos |
| vosotros/as | trabajéis | comáis | escribáis |
| ellos, ellas, ustedes | trabajen | coman | escriban |

> Fíjate:
> Los verbos en *-er* e *-ir* tienen las mismas terminaciones.

**1.1** Completa la tabla con las formas que faltan.

| Hablar | hable | | | | habléis | hablen |
|---|---|---|---|---|---|---|
| Romper | | rompas | rompa | | rompáis | |
| Vivir | viva | | | vivamos | viváis | |

## 2 Presente de subjuntivo irregular (1)

- Las formas irregulares en presente de subjuntivo se construyen a partir de las formas irregulares en presente de indicativo con algunos cambios.
- Verbos con **irregularidad vocálica**:

| e › ie | o › ue | e › i |
|---|---|---|
| **Pensar** | **Encontrar** | **Pedir** |
| piense | encuentre | pida |
| pienses | encuentres | pidas |
| piense | encuentre | pida |
| pensemos | encontremos | pidamos |
| penséis | encontréis | pidáis |
| piensen | encuentren | pidan |

> Fíjate:
> - Los verbos que cambian *e › i* son irregulares en **todas las personas** en presente de subjuntivo.
> - Los verbos *morir* y *dormir*, además del cambio *o › ue*, cambian *o › u* en las personas *nosotros/as* y *vosotros/as*: d**u**rmamos, d**u**rmáis; m**u**ramos, m**u**ráis.

- Otros verbos irregulares comunes son:

| Ser | Estar | Ir | Tener | Poner | Hacer |
|---|---|---|---|---|---|
| sea | esté | vaya | tenga | ponga | haga |
| seas | estés | vayas | tengas | pongas | hagas |
| sea | esté | vaya | tenga | ponga | haga |
| seamos | estemos | vayamos | tengamos | pongamos | hagamos |
| seáis | estéis | vayáis | tengáis | pongáis | hagáis |
| sean | estén | vayan | tengan | pongan | hagan |

> Fíjate:
> Hay formas verbales, tanto regulares como irregulares, que sufren cambios ortográficos para conservar el sonido del verbo en infinitivo: se**gu**ir › si**g**a; co**c**er › cue**z**a; reco**g**er › reco**j**a; bus**c**ar › bus**qu**e…

**2.1 En parejas** Escribe el presente de subjuntivo de las siguientes formas verbales. Luego compara con tu compañero/a.

1. quieres ›
2. repetimos ›
3. pongo ›
4. tienen ›
5. dormimos ›
6. almuerzo ›
7. voy ›
8. juegas ›
9. busco ›
10. somos ›
11. siguen ›
12. sueña ›

## 3 Usos básicos del subjuntivo

- El subjuntivo se usa en estructuras que sirven para:
    - Dar **consejos** y hacer **recomendaciones**: *Te aconsejo que tiendas la cama antes de irte.*
    - Expresar **permiso** y **prohibición**: *Te prohíbo que estés acá.*
    - Expresar **deseos** y hacer **peticiones**: *Espero que mañana haga mejor tiempo.*
      *Quiero que vayamos a la montaña este fin de semana.*
- En los verbos que expresan consejo, recomendación, prohibición o permiso, hay dos estructuras que se usan indistintamente:
    *Te aconsejo que vayas al doctor. = Te aconsejo ir al doctor.*
    *Les prohíbo que vayan a la fiesta. = Les prohíbo ir a la fiesta.*
- En los verbos que expresan deseos o peticiones, si el sujeto del verbo principal es el mismo que el del segundo verbo, se usa infinitivo:
    *Deseo (yo) que vayamos (nosotros) a la playa.*     *Deseo (yo) ir (yo) a la playa.*

**3.1 En parejas** ¿Qué crees que expresan estos verbos? Clasifícalos donde corresponda.

permitir | querer | pedir | prohibir | dejar | aconsejar | desear | esperar | recomendar | sugerir | rogar | suplicar

**Permiso y prohibición**   **Consejo y recomendación**    **Deseo**    **Petición**

**3.2** Transforma de acuerdo con el ejemplo.

Ejemplo: No te vayas. (Prohibición) › *Te prohíbo que te vayas.*

1. No te rías. (Petición) ›
2. Regresa un poco más tarde. (Permiso) ›
3. Ve a esa exposición. (Recomendación) ›
4. No entres acá. (Prohibición) ›
5. Préstame tu carro. (Deseo) ›
6. Estudia más. (Consejo) ›

**3.3 En parejas** Fíjate en las imágenes e inventa un breve diálogo para cada una: debes expresar prohibición, consejo, deseo o petición.

**3.4 Todo el grupo** Representen los diálogos para sus compañeros/as.

Unidad 8 | Compartir espacios

# Practica en contexto

**1** **En parejas** Jessica escribe a Iván, su antiguo profesor de español. Lee el correo y corrige sus errores.

Fíjate:
Corregir textos te ayuda a alcanzar la autonomía necesaria para revisar tus escritos a la vez que reflexionas sobre el funcionamiento de la lengua y aprendes de los errores.

De: Jessica    Para: Iván    Asunto: Buenos Aires

Hola, Iván:
Espero que estás bien. Yo estoy muy contenta porque dentro de dos meses voy a ir a tu ciudad, ¡a Buenos Aires!, para estudiar en una escuela. Espero que mi español mejore porque ahora no es muy bueno 😊.
Iván, quiero que me aconsejes sobre una cosa. ¿Me recomiendas que vivo con una familia o en un departamento compartido con otros estudiantes? ¿Qué crees que es mejor? Yo pienso que es mejor con una familia, pero a veces las familias tienen muchas normas y no permiten que los estudiantes hacen muchas cosas en la casa. Bueno, espero que me escribes pronto y que me cuentes qué te parece mejor.
Un abrazo,
Jessica

**1.1** Escucha ahora el mensaje de voz que le deja Iván a Jessica y completa la información.
[33]
1. Iván espera que ............................................................................................................................
2. Sobre la duda de Jessica, él le recomienda que..................................................................
porque ...............................................................................................................................................
3. Según Iván, con una familia a veces ........................................................................................
4. También le aconseja que el alojamiento ................................................................................

**1.2** **En parejas** Además, Iván le manda a Jessica una lista de ideas para mejorar su aprendizaje de español. Junto a tu compañero/a, ordénalas de mayor a menor utilidad según tu criterio.

Jessica, te aconsejo que…
☐ dividas tu cuaderno en distintas partes: gramática, vocabulario, etc.
☐ analices y aproveches los recursos que ofrece el libro de español.
☐ abras otra sección en tu cuaderno con el título "Mi diario de aprendizaje" y que hagas una lista de los objetivos alcanzados a medida que vayas terminando unidades.
☐ , antes de entregar tus escritos, los repases y corrijas tus errores.
☐ hagas anotaciones en el manual con las explicaciones dadas en clase.
☐ busques en internet ocasiones para interactuar en español.
☐ aproveches todas las situaciones similares a las trabajadas en clase para practicar.

**Expresar hipótesis o probabilidad**
- Quizá(s)
  *Juan no llegó aún; **quizá** se durmió.*
- Es probable/posible
  ▶ *Esta tarde va a llover.*
  ▷ *Sí, **es probable**.*
- Puede ser
  ▶ *¿Irás luego a la biblioteca?*
  ▷ *Sí, **puede ser**.*

**1.3** **Todo el grupo** Comparte con tus compañeros/as tus conclusiones y arguméntalas.
Ejemplo: *Quizá lo más útil es dividir el cuaderno, porque así te puedes organizar mejor.*

136 | ciento treinta y seis                                            Unidad 8 | Compartir espacios

**2** Jessica encontró un departamento de estudiantes en internet. Escucha la conversación que tiene con Alberto, uno de sus futuros compañeros, y señala, entre las opciones que hay a continuación, las tres que él describe.

[34]

Sala

Baño

Dormitorio

**2.1 Todo el grupo** Comparte con el resto de la clase tus conclusiones. Arguméntalas.

**2.2** Vuelve a escuchar y relaciona las frases. Comprueba si hiciste bien la actividad anterior.
[34]

1. Hay dos sofás muy grandes...
2. A la derecha del otro sofá...
3. Es todo muy moderno:...
4. El piso es de madera,...
5. Las paredes...
6. Al lado de la ventana...

a. el inodoro, los lavamanos y la regadera.
b. como en toda la casa.
c. que forman un ángulo.
d. hay un escritorio chico.
e. están pintadas de blanco y marrón.
f. hay una chimenea relinda.

Unidad 8 | Compartir espacios

ciento treinta y siete | 137

**3** **En parejas** Jessica encuentra en internet una entrada sobre la convivencia en casas compartidas. Antes de leerlo, escribe con tu compañero/a las tres reglas que, en tu opinión, son básicas para que la convivencia funcione.

1. ................................................................
2. ................................................................
3. ................................................................

### Organizar el discurso

Recuerda que estas palabras y expresiones ayudan a organizar los argumentos que dan forma a un discurso:

- **Introducir** un primer argumento: *para empezar, en primer lugar, antes de nada…*
- **Añadir** argumentos: *por otro lado, también, tampoco, además…*
- **Concluir** la argumentación: *por último, para terminar, en último lugar…*

**3.1** **Todo el grupo** Presenta al resto de la clase tus reglas y elabora una lista junto con las de tus compañeros/as.

**3.2** **Todo el grupo** Lee esta entrada de blog y comprueba si las reglas que escribió tu clase aparecen en ella.

●●● compartecasa.com

Si quieres que la convivencia en un departamento compartido funcione, hay una serie de reglas básicas que es necesario tomar en cuenta.

Por mi experiencia, yo recomiendo, para empezar, que se organice bien la limpieza de las zonas comunes de la casa, que se mantenga limpia y ordenada la cocina y que se haga lo mismo con el baño. Es importante dejar siempre los espacios comunes como los encontraste.

Por otro lado, algo que todos esperamos cuando compartimos casa es que se respeten las horas de descanso, por eso debes poner especial cuidado en no molestar cuando sabes que otros están durmiendo.

Una regla fundamental que nunca debes olvidar: está prohibido que entres en el dormitorio de las otras personas o que agarres sus cosas sin su permiso. Todo lo de los demás, su dormitorio y sus posesiones, es sagrado, como debe ser lo tuyo para ellos.

Si piensas hacer una cena con tus amigos o una fiesta, avisa con tiempo suficiente antes de nada; cualquier actividad en las zonas comunes afecta a todas las personas que viven contigo. Además, si te permiten que tengas animales en casa, debes encargarte siempre de cuidarlos y mantenerlos.

Y, por último, aunque quizá lo más importante, te aconsejo que intentes ser siempre amable y tolerante con los demás, esperando que ellos lo sean también contigo.

Adaptado de www.easypiso.com

**Fíjate:**
Observar las imágenes que ilustran una actividad te ayuda a prever parte de su contenido. Fíjate bien en las imágenes antes de empezar a leer un texto o de escuchar un audio y verás como te ayudan a crear un contexto que te facilitará la comprensión.

**3.3** **En parejas** Subraya en el texto las expresiones que llevan subjuntivo y clasifícalas en la tabla.

| Deseo | Permiso | Prohibición | Consejo o recomendación |
|---|---|---|---|
|  |  |  |  |

**3.4** **Todo el grupo** ¿Estás de acuerdo con lo que dice la entrada? ¿Alguna vez compartiste casa con otros estudiantes o amigos/as? ¿Cuál de las normas te parece más importante?

138 | ciento treinta y ocho    Unidad 8 | Compartir espacios

**3.5** **En parejas o grupos pequeños** Imagina ahora que compartes departamento con Jessica. Elabora una lista de normas para la casa con las actividades que están permitidas o prohibidas. Fíjate en el ejemplo. Luego, añade una más.

| Está permitido que… | | Está prohibido que… |
|---|---|---|
| | Escuchar música en la sala. | *escuches música en la sala.* |
| | Hacer fiestas. | |
| | Invitar a amigos/as a cenar. | |
| | Tener animales. | |
| | Jugar a videojuegos en la sala. | |
| | Poner el lavarropas cada día. | |
| | Conversar sobre política. | |
| | Prender la tele en la noche. | |
| | Otra: …………………………… | |

**3.6** **Todo el grupo** Comparte con el resto de la clase tu lista. ¿Coincides en muchas cosas con tus compañeros/as?

**4** Alberto y Carmen, dos de los compañeros de Jessica, explican el reparto de las tareas domésticas. Escucha y escribe qué tres tareas no aparecen en las imágenes.
[35]

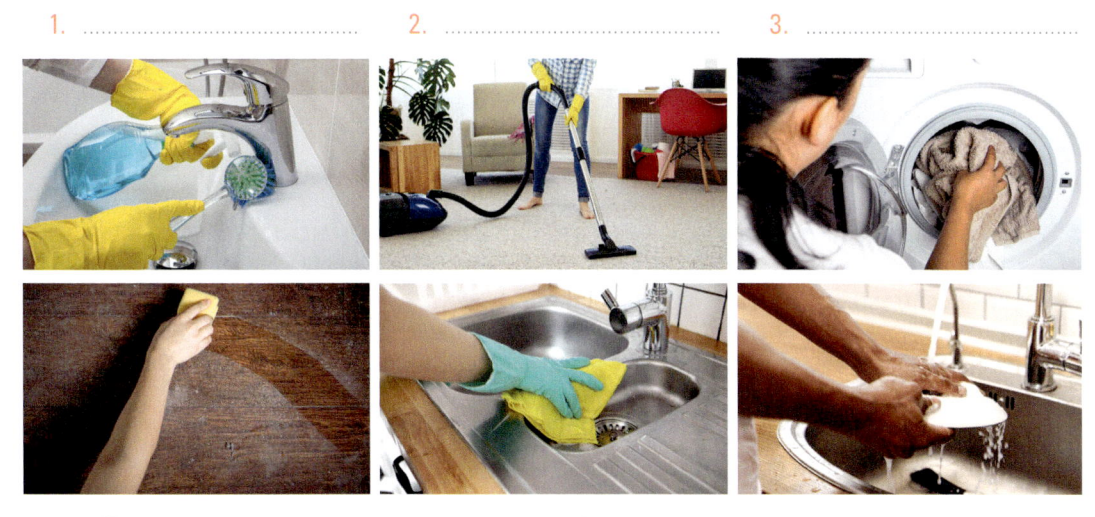

1. ……………………………  2. ……………………………  3. ……………………………

**4.1** Vuelve a escuchar; ahora anota en el día correspondiente del calendario cada tarea y quién la hace.
[35]

| Lunes | Martes | Miércoles | Jueves | Viernes | Sábado | Domingo |
|---|---|---|---|---|---|---|
| | | | | *Alberto, limpiar el baño* | | |

**4.2** **Todo el grupo** En tu casa, ¿cómo se reparten las tareas domésticas? ¿De qué manera colaboras tú?

Unidad 8 | Compartir espacios

# CON RITMO LATINO

**1 En parejas** Cuatro de estos instrumentos son de origen latino y suenan constantemente en los ritmos latinoamericanos. ¿Sabes cuáles son?

maracas | acordeón | castañuelas | rondador | bongos | claves

**2 En parejas** Busca información en internet sobre los siguientes artistas latinos y toma notas. Luego lee el texto y complétalo con los nombres de los artistas según la información que encontraste. Compara con tu compañero/a.

Juan Luis Guerra | Gloria Estefan | Los Panchos | Romeo Santos | Daddy Yankee

### Géneros musicales en Latinoamérica

Entre los diferentes ritmos y músicas de América Latina y el Caribe, los más populares son el merengue, la bachata, la salsa, el reguetón, la ranchera, el bolero, la cumbia, el tango y la milonga. Vamos a ver algunos de ellos.

La **bachata** es un ritmo bailable originario de la República Dominicana. Resulta de una combinación del bolero rítmico con estilos como el son cubano. Sus principales representantes son [1] ............................, Prince Royce y Anthony Santos.

La **salsa** es una síntesis de influencias cubanas con otros elementos de la música latinoamericana y el *jazz*. Este género se desarrolló en el Caribe y también en Nueva York. Sus exponentes más importantes son Celia Cruz, [2] ............................ y Joe Arroyo.

También el **merengue** procede del Caribe, concretamente de la República Dominicana, donde lo consideran el género musical nacional. Destacan entre sus intérpretes [3] ............................, Elvis Crespo y Proyecto Uno.

Gloria Estefan

Juan Luis Guerra

Chavela Vargas

El **reguetón** nace de la fusión del *reggae* jamaicano y el hiphop. Es el género más popular entre los jóvenes de habla hispana. Sus figuras más representativas son Don Omar, [4] ............................ y Arcángel.

El **bolero**, originario de Cuba, surgió a finales del siglo XIX con el tema titulado *Tristezas*, que dio al género su forma clásica con acompañamiento de guitarras y percusión. Los intérpretes más representativos de este género son [5] ............................, Lucho Gatica y Chavela Vargas.

1

2

3

4

**3** **En grupos pequeños** ¿Conoces a alguno de los demás artistas del texto? Elige uno de los géneros y busca en internet algún tema representativo. Luego escúchalo con tus compañeros/as. ¿Cuál les gusta más?

**4** **Todo el grupo** ¿Sabes quiénes son los cantantes de las fotografías? ¿Cómo se llaman?

**5** **Todo el grupo** Hay muchos artistas y grupos latinos que hacen música de otros géneros, como pop o *rock*. Lee la lista y señala los que conoces. ¿Qué música hacen?

- [ ] Calle 13
- [ ] Ricky Martin
- [ ] Luis Miguel
- [ ] Julieta Venegas
- [ ] Marc Anthony
- [ ] Maná
- [ ] Chayanne
- [ ] Shakira
- [ ] Juanes
- [ ] Luis Fonsi
- [ ] Reik
- [ ] Sin Bandera

Unidad 8 | Compartir espacios

ciento cuarenta y uno | 141

## Video

# HOSTAL Babel

## Un hostal democrático

## Antes del video

**1** **Todo el grupo** Fíjate en la imagen. ¿Qué momento del día crees que es? ¿Qué piensas que sucedió antes? Argumenta tus respuestas.

**2** **En parejas** Ahora observa esta secuencia de imágenes. Fíjate en el gesto de Tere y Carla en la primera imagen y en el de Leo en la segunda. ¿Qué crees que pasó?

## Durante el video

**3** Visiona el fragmento 00:30 ▶ 01:09 y comprueba si tus suposiciones de la actividad 1 son correctas.

**4** Visiona el fragmento 01:10 ▶ 03:10 y luego responde a estas preguntas.

1. ¿Qué deben hacer los tres personajes? ........................
2. ¿Por qué tienen que hacerlo ya? ........................
3. ¿Qué puede pasar si no cumplen su promesa? ........................

**5** **En parejas** Visiona el fragmento 03:11 ▶ 04:45 y comprueba si interpretaste correctamente la secuencia de la actividad 2.

142 | ciento cuarenta y dos

Unidad 8 | Compartir espacios

**5.1 En parejas** Vuelve a ver el fragmento anterior y luego escribe junto a cada tarea qué personaje la debe realizar.

1. 
2. 
3. 
4. 
5. 
6. 

**6 En parejas** ¿Qué crees que les faltará para hacer cuando terminen de limpiar? Fíjate en la imagen, elige la opción correcta según tu opinión y compara con tu compañero/a. Luego visiona el fragmento 04:45 ○ final para comprobar tu respuesta. ¿Acertaste?

1. Cuando terminan de limpiar, solo falta...
   a. recoger los utensilios de limpieza.
   b. sacar la basura.

2. La última tarea la hace Leo...
   a. porque se ofrece voluntario.
   b. porque las muchachas votan para que la haga él.

## Después del video

**7 En parejas** Relaciona las columnas para recordar algunas frases de los personajes en las que usan el subjuntivo. Luego compara tu respuesta con tu compañero/a.

1. ¿Anoche? Te sugiero que...
2. Te aconsejo...
3. Nos va a prohibir que...
4. ¿Qué queréis que...
5. ¿Quieres que...
6. Votos a favor de que...
7. Te encargamos que...
8. Espero que a Bea...
9. Pues nosotras queremos...

a. limpies el baño.
b. le guste cómo hemos dejado el hostal...
c. digas "esta mañana", mejor.
d. hagamos más fiestas aquí.
e. que empieces ya.
f. Leo limpie el baño...
g. lo votemos?
h. haga yo?
i. que la bajes tú.

**8 Todo el grupo** ¿Hiciste alguna vez una fiesta en tu casa? ¿Cómo quedó después? ¿Quién ordenó y limpió?

# Evaluación

**1** Relaciona las palabras con su imagen correspondiente. Luego escribe una descripción de la casa de entre cincuenta y ochenta palabras.

- [ ] inodoro
- [ ] cocina
- [ ] clóset
- [ ] ventana
- [ ] baño
- [ ] planta
- [ ] cama
- [ ] librero
- [ ] dormitorio
- [ ] mesita
- [ ] heladera
- [ ] silla
- [ ] lavamanos
- [ ] pared
- [ ] piso
- [ ] corredor

**2** Relaciona.

1. Pasar
2. Tender
3. Regar
4. Trapear
5. Sacar
6. Poner
7. Ordenar

a. el librero.
b. el piso.
c. la aspiradora.
d. el lavarropas.
e. las plantas.
f. la ropa.
g. el polvo.

**3** Ordena cronológicamente las imágenes de acuerdo con la narración de la página siguiente.

A □  B □  C □  D □
E □  F □  G □  H □

144 | ciento cuarenta y cuatro · Unidad 8 | Compartir espacios

Siempre lo hago igual. El martes en la tarde limpio la cocina, aunque, como almuerzo en el trabajo, no suele estar muy sucia. El jueves limpio bien el baño: el inodoro, el lavamanos, la tina… El viernes suelo poner el lavarropas, dos veces: una para mi ropa y otra para la ropa de cama, sábanas y demás. El viernes en la tarde suelo lavar los pocos trastes sucios que acumulé durante la semana. El sábado en la mañana limpio el polvo y después paso la aspiradora y, para terminar, trapeo bien el piso. La basura suelo sacarla los domingos, normalmente una vez a la semana porque tengo poca, ¡como paso tan poco tiempo en casa…!

**4** Aconseja a estas personas usando el presente de subjuntivo.

> Me ofrecieron dos trabajos interesantes. En uno gano más, pero está fuera de la ciudad. El otro está al lado de casa.

> No sé qué estudiar, Medicina o Veterinaria. Las dos carreras me gustan mucho, pero estoy muy indecisa.

> No sé qué hacer en vacaciones, si ir a la playa y relajarme o hacer turismo de aventura en algún país exótico.

> Tengo dos fiestas de cumpleaños el mismo día: la de mi chava y la de mi papá. ¿Qué hago?

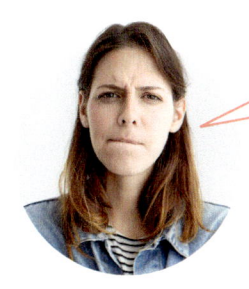

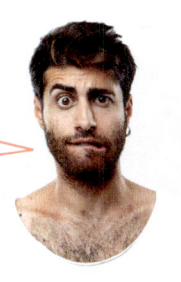

**5** Completa las frases con el presente de subjuntivo de los verbos entre paréntesis.

1. No quiero que ............................... (ir, ustedes) a la calle solos.
2. ¿Esperas que Marta ............................... (estar) en casa?
3. Te pido que no ............................... (volver) más tarde de las doce.
4. Nos prohíben que ............................... (tener) animales en el departamento.
5. ¿Me permite que le ............................... (hacer) una pregunta?
6. Te recomendamos que ............................... (leer) ese libro; te va a encantar.

**6** Una mamá le da dinero a su hijo. Imagina que le dice cinco cosas que puede hacer con el dinero y otras cinco que no puede hacer. Anótalas.

1. *Te dejo que…*
2. ...............................
3. ...............................
4. ...............................
5. ...............................

1. *No quiero que…*
2. ...............................
3. ...............................
4. ...............................
5. ...............................

**7** Elige un ritmo latino y escribe lo que sabes sobre él.

...............................
...............................

Unidad 8 | Compartir espacios

Unidad 9

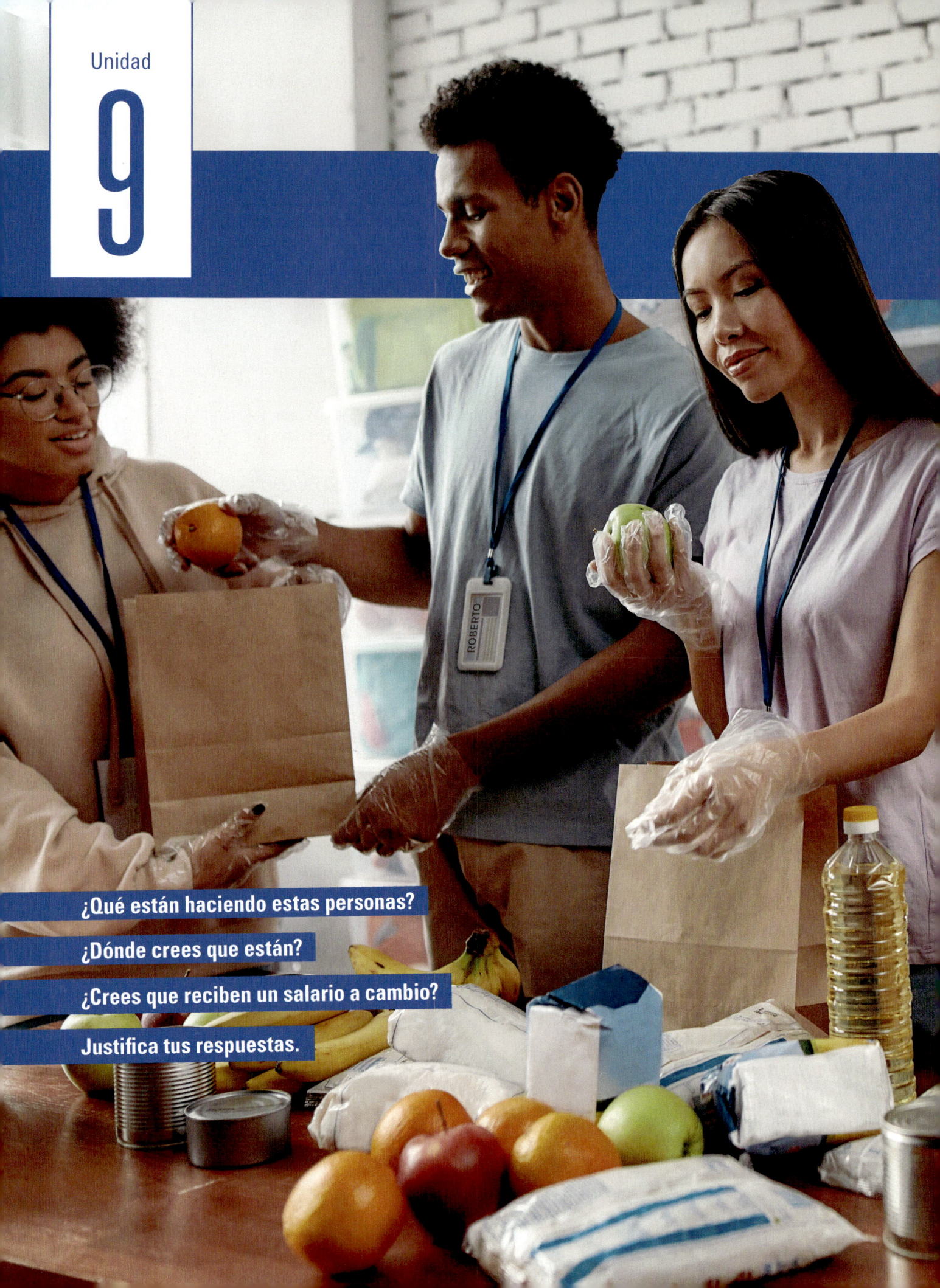

¿Qué están haciendo estas personas?

¿Dónde crees que están?

¿Crees que reciben un salario a cambio?

Justifica tus respuestas.

# ¿Colaboras?

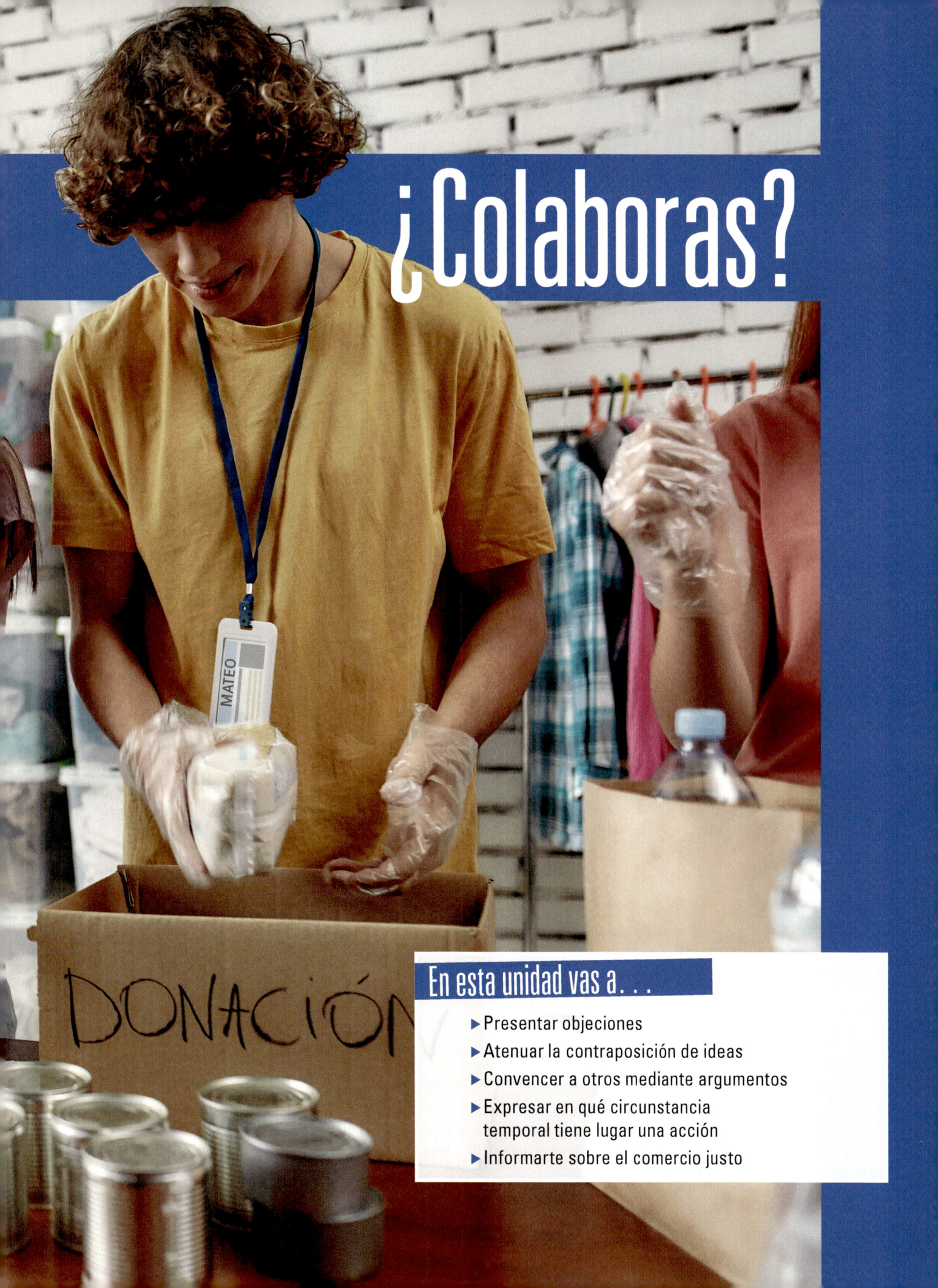

### En esta unidad vas a...

- Presentar objeciones
- Atenuar la contraposición de ideas
- Convencer a otros mediante argumentos
- Expresar en qué circunstancia temporal tiene lugar una acción
- Informarte sobre el comercio justo

# ¿Qué sabes?

**1** **En parejas** Fíjate en las siguientes imágenes y descríbelas. Escribe debajo de cada foto a qué hacen referencia.

**2** Escucha este diálogo entre Elena y su mamá y di si las siguientes afirmaciones son verdaderas o falsas.

[36]

1. Habitualmente, Elena y su mamá hacen las compras los lunes. ......................................... V F
2. Hoy el supermercado está lleno porque la gente está haciendo las compras de Navidad. ......... V F
3. Elena no sabe por qué hay tanta gente en el súper. ...................................... V F
4. Las voluntarias y los voluntarios reciben siempre algún tipo de pago en compensación por su trabajo. ...................................... V F
5. Elena está estudiando Medicina y cuando termine, trabajará en una organización humanitaria. ...................................... V F
6. La mamá de Elena piensa que eso sucederá antes de que termine la carrera. ...................... V F

**3** **Todo el grupo** Como ves, esta unidad está dedicada a la solidaridad y al voluntariado. Con tu compañero/a haz una lista de acciones que se pueden llevar a cabo en una ONG. Sigue el ejemplo.

Ejemplo: *Ayudar a las personas mayores.*

148 | ciento cuarenta y ocho

Unidad 9 | ¿Colaboras?

# 9

**1.1** **Todo el grupo** ¿Qué tienen todas estas imágenes en común? Justifica tu respuesta.

**1.2** **Todo el grupo** Muchas de estas labores las llevan a cabo las ONG. ¿Qué significan estas siglas? ¿Cómo se llaman en tu idioma estas organizaciones?

**1.3** Lee la definición de ONG y comprueba tu respuesta anterior.

> - Las siglas ONG significan 'Organización No Gubernamental'.
> - Son entidades dedicadas a un fin social o humanitario.
> - No tienen ánimo de lucro. Esto significa que no generan beneficios.
> - Todos sus trabajadores son voluntarios.
> - Su labor puede estar dirigida a distintas causas, desde la lucha contra la pobreza hasta la protección del medioambiente o la entrega de ayuda humanitaria en emergencias.

En https://eacnur.org/es/actualidad/noticias/eventos/significado-de-ong-y-3-falsos-mitos

**1.4** **En parejas** Uno de estos puntos no es cierto; localízalo y justifica tu respuesta.

**3.1** **En parejas** Relaciona las columnas para conocer algunas acciones de voluntariado. ¿Cuáles de ellas anotaste en la actividad anterior?

1. Hacer una…
2. Recaudar…
3. Dar…
4. Atender a…
5. Aportar un…
6. Captar…
7. Donar…
8. Hacerse…
9. Luchar contra…
10. Concienciar a…
11. Comprar productos de…
12. Organizar actividades…

a. voluntario/a, socio/a, colaborador/a…
b. difusión al proyecto.
c. donativo.
d. socios.
e. personas en situaciones de exclusión social.
f. colecta.
g. ropa, juguetes, material escolar…
h. comercio justo.
i. las ciudadanas y los ciudadanos.
j. la desigualdad y la injusticia.
k. fondos.
l. benéficas.

**4** **Todo el grupo** ¿Eres o fuiste voluntario/a de alguna ONG? ¿Cuál? ¿Realizaste alguna vez labores de voluntariado? ¿Dónde?

# Palabras

**1** **En parejas** ¿Conoces estas ONG? ¿Sabes a qué se dedican?

A. UNHCR ACNUR — La Agencia de la ONU para los Refugiados
B. MÉDICOS SIN FRONTERAS
C. FESBAL — BANCOS DE ALIMENTOS
D. GREENPEACE
E. ALDEAS INFANTILES SOS

**1.1** Relaciona los textos con las organizaciones anteriores y comprueba tu respuesta anterior. Hay una organización que no tiene texto, ¿cuál es?

1. ☐ Somos una ONG con un **reto** desde que nacimos en 1996: ayudar en la alimentación de los más **necesitados** porque, según la FAO, el hambre es el mayor riesgo para la salud en el mundo. La federación y sus 54 **bancos de alimentos** distribuyen la comida a través de las **entidades colaboradoras**. En este momento, nuestra ayuda alcanza a más de millón y medio de personas. La organización funciona y desarrolla su labor social gracias a un equipo de más de 3300 **voluntarios** que colaboran desinteresadamente.

2. ☐ Es el organismo de la ONU para los millones de **refugiados** que tuvieron que huir de sus países a causa de la guerra, el hambre o la **violación de los derechos humanos**. Su objetivo es **velar por el respeto y la protección** internacional **de estas personas**. Para ello, tiene un equipo de asesoramiento jurídico y programas especializados en reunificación familiar. Para colaborar, puedes hacerte **socio** o aportar un **donativo**.

3. ☐ Somos una organización de acción médico-humanitaria: prestamos **auxilio** a personas amenazadas o que se vieron afectadas por **conflictos armados**, epidemias o enfermedades y desastres naturales. También cuidamos de **personas excluidas de la atención médica básica**. Nuestra acción consiste en **aliviar el sufrimiento de otros seres humanos**, esta es nuestra misión. Gracias a las aportaciones de nuestros cinco millones de socios, también podemos **denunciar las situaciones injustas** que presenciamos en los países de la misión.

4. ☐ Somos una organización privada internacional de ayuda a la infancia, **sin ánimo de lucro** e independiente de toda orientación política. Atendemos a **niños y jóvenes que se encuentran en situación de vulnerabilidad o exclusión social**, impulsando su desarrollo y autonomía mediante la **acogida en entornos familiares** protectores. Nuestros principios son el **compromiso** y la **implicación**.

Textos adaptados de https://www.fesbal.org, https://www.acnur.org/es-es, https://www.msf.es y https://www.aldeasinfantiles.es

**1.2** **En grupos pequeños** ¿Qué dos organizaciones supranacionales se mencionan en los textos anteriores? ¿Sabes dónde están sus sedes?

**1.3** Escucha el comienzo de un programa de radio dedicado a las ONG y comprueba tus respuestas anteriores.
[37]

150 | ciento cincuenta          Unidad 9 | ¿Colaboras?

**2** Fíjate en las palabras y expresiones destacadas en los textos de 1.1 y relaciónalas con estas definiciones.

① 
1. Personas que colaboran de manera activa en una ONG: ..........
2. Objetivo o misión difícil de conseguir: ..........
3. Organizaciones que ayudan a las ONG: ..........
4. Personas pobres o desfavorecidas: ..........
5. Organizaciones que almacenan la comida donada para distribuirla: ..........

② 
1. Persona que no puede vivir en su país porque su vida está en peligro por la situación política, social o económica: ..........
2. Persona que colabora con una ONG: ..........
3. Garantizar que las personas estén protegidas y seguras: ..........
4. El hecho de no respetar la vida, la salud, la dignidad y otros aspectos esenciales para las personas: ..........
5. Cantidad de dinero, comida u objetos que puedes dar a una ONG para colaborar: ..........

③ 
1. Guerras: ..........
2. Ayuda a personas que lo necesitan con urgencia: ..........
3. Reducir el dolor, la tristeza y la desesperación de la gente: ..........
4. Informar a las autoridades, a los medios de comunicación o a la sociedad en general de una situación que se considera injusta: ..........
5. Personas que no reciben servicios médicos o sanitarios de primera necesidad: ..........

④ 
1. Gente indefensa y débil: ..........
2. Deseo firme de cumplir las promesas: ..........
3. No tener intención de obtener beneficio económico: ..........
4. Oportunidad que se ofrece a los menores de vivir con familias o en centros que garantizan un ambiente familiar y afectuoso: ..........
5. Esfuerzo que se realiza dentro de un proyecto para formar parte de él: ..........

**3** Define la actividad de la ONG que no está descrita en la actividad 1.1. Puedes usar como modelo los textos que leíste y consultar internet si necesitas información.

# Gramática

## 1 Presente de subjuntivo irregular (2)

- Los verbos que tienen irregular la persona **yo** del presente de indicativo también son irregulares en presente de subjuntivo pero en todas las personas:

| Venir › vengo | Caer › caigo | Construir › construyo | Salir › salgo |
|---|---|---|---|
| venga | caiga | construya | salga |
| vengas | caigas | construyas | salgas |
| venga | caiga | construya | salga |
| vengamos | caigamos | construyamos | salgamos |
| vengáis | caigáis | construyáis | salgáis |
| vengan | caigan | construyan | salgan |

— Otros verbos: huir › **huya**; poner › **ponga**; tener › **tenga**; hacer › **haga**; conocer › **conozca**; oír › **oiga**…

- Además de los verbos *ser*, *estar* e *ir* que ya conoces, hay otros verbos con irregularidad propia:

| Ser | Estar | Ir | Haber | Saber | Ver |
|---|---|---|---|---|---|
| sea | esté | vaya | haya | sepa | vea |
| seas | estés | vayas | hayas | sepas | veas |
| sea | esté | vaya | haya | sepa | vea |
| seamos | estemos | vayamos | hayamos | sepamos | veamos |
| seáis | estéis | vayáis | hayáis | sepáis | veáis |
| sean | estén | vayan | hayan | sepan | vean |

> Recuerda:
> Hay formas verbales, tanto regulares como irregulares, que sufren cambios ortográficos para conservar el sonido del verbo en infinitivo: se**gu**ir › si**g**a; co**c**er › cue**z**a; reco**g**er › reco**j**a; bus**c**ar › bus**qu**e…

**1.1** Completa las frases con los verbos del recuadro en presente de subjuntivo. Sobra un verbo; escribe con él una frase en presente de subjuntivo.

| seguir | ver | hacer | saber | oír | recoger | buscar | construir | salir |

1. Está prohibido que los niños ................ esos filmes. Son para mayores.
2. Les aconsejo que ................ lo que el profesor tiene que decir.
3. Te pido que ................ tu mesa, ¡está muy desordenada!
4. Dale, les dejamos que ................ esta noche.
5. ¿Qué me sugieres que ................ en tu ciudad?
6. Me recomienda que ................ las llaves en el carro.
7. Los vecinos no quieren que se ................ un edificio tal alto acá, prefieren un parque.
8. Espero que te ................ bien la lección, si no, vas a reprobar esta materia.

Mi frase: ................................................

## 2 Oraciones temporales

- Las oraciones temporales son oraciones que indican **en qué momento** tiene lugar la acción expresada por la oración principal:

    *Llego a casa cuando termino de trabajar.*

- ***Cuando*** es el nexo temporal más común, pero existen otros nexos temporales que indican diferentes matices de anterioridad, posterioridad o simultaneidad respecto a la oración principal:

    – Acción repetida › **cada vez/siempre que**
    – Simultaneidad › **mientras**
    – Acción inmediata › **nomás, en cuanto**
    – Progresión › **a medida que**
    – Inicio de una acción › **desde que**
    – Fin de una acción › **hasta que**

- Cuando la acción es **habitual** o sucede en **pasado** estos nexos temporales se construyen con **indicativo**:

    *Cuando las organizaciones necesitan dinero, organizan colectas.*
    *Yo puse la mesa mientras Ana hacía la comida.*

- Si la acción **aún no se realizó**, se usa el modo **subjuntivo**:

    *Siempre que vengas a mi casa, te invitaré a cenar.*
    *No dejes de hablar español desde que te levantes hasta que te acuestes.*

- Los nexos temporales *antes de (que)* y *después de (que)* indican anterioridad y posterioridad, respectivamente, de una acción con respecto a otra. Se pueden construir con **indicativo** si el sujeto de las dos acciones es el mismo, o con *que* + **subjuntivo** si los sujetos son diferentes:

    *Escríbeme un mensaje antes de llegar y voy a recogerte al aeropuerto.*
    *Tenemos que ayudar a niños en situación vulnerable antes de que sea tarde.*

### 2.1 Elige la forma verbal adecuada.

1. Cada vez que **compras/compres** un producto mira la etiqueta.
2. Empiecen a escribir después de que el maestro se lo **pide/pida**.
3. Cuando **se enteró/se entere** de la noticia, empezó a llorar.
4. Yo nunca hablo mientras **estoy/esté** almorzando.
5. No nos fuimos hasta que **terminó/termine** de platicar.
6. A medida que **vas/vayas** practicando, comprenderás mejor lo que dicen.

### 2.2 Completa este correo con los verbos entre paréntesis en la forma adecuada.

De: Rosana Hernández    Para: Ciudadanos de Aguilar    Asunto: Actividades solidarias

Estimados vecinos y vecinas:
Les escribimos para informarles de las diferentes actividades benéficas con las que la Concejalía de Asuntos Sociales colaborará mientras [1] .............. (durar) este año.
Antes de que mis ayudantes les [2] .............. (presentar) la lista de actividades, me gustaría agradecer la enorme participación de todos y todas cada vez que el Ayuntamiento [3] .............. (organizar) eventos y otras actividades para cooperar en diferentes proyectos sociales.
Por otra parte, les informamos de que abrimos una cuenta bancaria en la que pueden aportar sus donativos a las diferentes organizaciones con las que vamos a colaborar. La cuenta estará abierta desde que [4] .............. (empezar) hasta que [5] .............. (finalizar) las campañas.
En cualquier caso, los voluntarios de las diferentes organizaciones les facilitarán sus propios números de cuenta para seguir enviando ayuda cuando ustedes lo [6] .............. (considerar) oportuno.
Un saludo cordial,
Rosana Hernández, concejala de Asuntos Sociales del Ayuntamiento de Aguilar

# Practica en contexto

**1** **Todo el grupo** ¿Sabes qué es un *banco del tiempo*? Coméntalo con tus compañeros/as.

**1.1 Todo el grupo** Lee el texto y comprueba tu respuesta anterior.

Es el primer banco que funciona sin dinero y sin ánimo de lucro. En este banco únicamente puedes depositar tiempo, para intercambiarlo con el de otros a través de la prestación de servicios, habilidades o conocimientos.
El banco del tiempo ofrece un espacio de solidaridad y confianza en los demás para resolver necesidades de la vida cotidiana. Este proyecto pretende fomentar las relaciones sociales y romper el aislamiento y la soledad de la vida urbana.

**2** **En parejas** Estas son algunas de las muchas actividades que se pueden intercambiar en el banco del tiempo. Clasifícalas en la tabla. En algún caso hay varias soluciones posibles. Trabaja con tu compañero/a.

~~laboral~~ | niños | costura | masajes | informática | electricidad | transporte | ~~limpieza~~
visitas médicas | yoga | hacer las compras | administrativo | ~~peluquería~~ | planchado
albañilería | jurídico | jardinería | apoyo académico | cocina | ~~plomería~~ | gimnasia terapéutica
personas mayores | pasear | masajes | carpintería | ~~acompañamiento~~ | ~~clases de idiomas~~

| Cuidado de personas | Estética y cuidado personal | Tareas del hogar |
|---|---|---|
| *acompañamiento*  | *peluquería* | *limpieza* |

| Formación | Reparaciones | Asesoramiento |
|---|---|---|
| *clases de idiomas* | *plomería* | *laboral* |

**LÉXICO**
Latinoamérica ❯ **plomería** : *David tumbó paredes, hizo las conexiones eléctricas, instaló cocina y baño y una **plomería** nueva.*
España ❯ **fontanería** : *¿Sabes algo de **fontanería**? Tengo estropeado el baño de mi casa y no hay manera de encontrar un fontanero.*

**2.1 Todo el grupo** ¿Qué otras actividades se pueden intercambiar en un banco del tiempo? Amplíen la tabla con las ideas de todos/as.

**3** **Todo el grupo** Algunas personas que participan en el banco del tiempo de su barrio cuentan sus experiencias en un programa de radio. Observa las imágenes. ¿De qué servicios crees que van a hablar? Coméntalo con tus compañeros/as.

**3.1** Escucha y comprueba tus respuestas anteriores.

[38]

**3.2** Vuelve a escuchar y completa los textos con las palabras que faltan.

[38]

Os cuento mi experiencia. Aunque [1] .................... mucho los gatos, no podemos tener uno porque mi hermano es alérgico. Sé que hay gente que no puede atenderlos en algunas ocasiones, así que yo ofrezco mi tiempo para estar con el animal cuando [2] .................... que cuidarlo. Aunque [3] .................... animales muy independientes, los gatos también necesitan algunos cuidados.

Soy estudiante de Arquitectura y todos los veranos estudio inglés en Nueva York. En el futuro, deseo vivir y trabajar como arquitecto allá, aunque todavía [7] .................... que mejorar mi nivel de inglés. Ofrezco parte de mi tiempo libre en verano para dar clases de español y cada vez que [8] .................... la clase, "cobro" mi tiempo: converso en inglés con mis estudiantes después de dar la clase. ¡Y me va padrísimo!

Quiero viajar para colaborar en una misión médico-humanitaria, aunque todavía [4] .................... muy joven. Pero mientras [5] .................... mayor y [6] ...................., ofrezco mi tiempo para estar con ancianos del barrio que viven solos y que necesitan conversación y compañía.

> **Presentar objeciones**
> - Para **presentar objeciones** se usa el conector *aunque*.
>   – *Aunque* + **indicativo** se usa para expresar una objeción sobre un hecho conocido y objetivo:
>     *Aunque tengo 15 años, ya estoy colaborando con una ONG.*
>     (El hablante sabe su edad).
>   – *Aunque* + **subjuntivo** se usa para expresar una objeción sobre un hecho que no es seguro, que el hablante no conoce o con el que no quiere comprometerse:
>     *Aunque Juan no tenga razón, no debes hablarle así.*
>     (El hablante no sabe si Juan tiene razón o no, o no lo quiere afirmar).
> - La expresión *a pesar de que* funciona igual que *aunque*. Es formal y suele usarse en lengua escrita.

**3.3** **En grupos pequeños** ¿Qué actividades pueden hacer ustedes en un banco del tiempo? Anoten sus ideas.

Unidad 9 | ¿Colaboras? ciento cincuenta y cinco | 155

**Contestar por escrito a un anuncio**

Una comunicación escrita (carta o correo) para responder a un anuncio tiene esta estructura:

- **Saludo:**
  – Hola, Peter:   – Estimado Mario:
- **Introducción:**
  – Me pongo en contacto contigo/con usted… porque…
- **Mensaje** con el contenido principal de la comunicación:
  – Me interesan mucho tus/sus clases porque…
  – Necesito…   – Deseo…
- **Despedida:**
  – Espero tu/su contestación.
  – Muchas gracias de antemano por tu/su atención.
  – Un (cordial) saludo.

Fíjate:
Cuando escribas, debes crear un borrador. Esto te ayudará a seguir una guía y a no desviarte del tema.

**4** Lee el anuncio que publicó Mario, el estudiante de Arquitectura.

¡Hola, soy Mario!
Estoy estudiando Arquitectura y quiero mejorar mi nivel de inglés para irme a Nueva York. A cambio, ofrezco mi tiempo para ayudarte con tu español.
Si estás interesad@, ¡escríbeme!
Saludos :)

**4.1** Escríbele un correo a Mario interesándote por su oferta; infórmale de los siguientes aspectos.

- Vas a clase de español, pero no practicas lo suficiente.
- Tienes buen nivel de gramática, pero necesitas más vocabulario para hablar.
- Pides que te corrija tus errores desde la primera hasta la última sesión.
- Tú también deseas estudiar una lengua en el extranjero y tienes los mismos planes de futuro que él, pero todavía debes terminar tus estudios de grado.

De:         Para: Mario         Asunto: Banco del tiempo

..........................................................................
..........................................................................
..........................................................................
..........................................................................
..........................................................................

**4.2** Imagina que en tu clase hay un banco del tiempo. Escribe un anuncio para pedir un servicio o colaboración a cambio de otro que tú puedas hacer. Recuerda las actividades que sugeriste en la actividad 3.3 y toma como modelo el anuncio de Mario.

**4.3** **Todo el grupo** Pongan todos los anuncios en el pizarrón y elijan el que les parezca más adecuado a sus necesidades. Busquen a esa persona y pónganse de acuerdo entre ustedes para intercambiar sus servicios.

156 | ciento cincuenta y seis

Unidad 9 | ¿Colaboras?

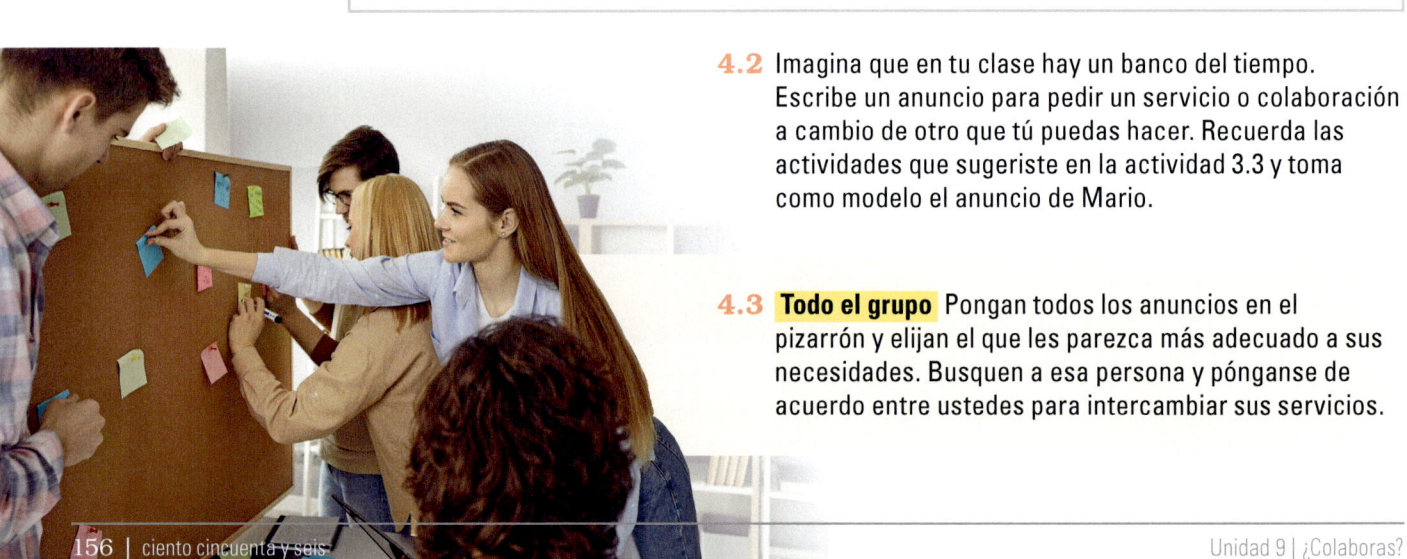

## 9

**5** Estas personas intentan justificar su poca participación en proyectos de cooperación social. Lee sus excusas y completa la última intervención con otra excusa frecuente en alguna de estas situaciones.

**1.** Aunque yo también creo que los animales necesitan protección, no tengo tiempo para colaborar con la fundación protectora con la que colaboran mi esposa y mis hijos; además, no sé cómo contribuir.

**2.** Todas las Navidades mi universidad organiza junto a FESBAL un banquete navideño para personas sin hogar. Yo quiero ayudar como mis compañeros y compañeras, pero me da demasiada pena ver a tanta gente necesitada.

**3.** Mañana, a mediodía, hay un concierto benéfico para recaudar fondos para los refugiados. Sé que es una buena causa y además el concierto es muy barato, pero estoy segura de que va a haber mucha gente y no me gusta nada hacer cola.

**4.** El domingo, mi papá y mi hermano van a participar en una maratón solidaria y, aunque me intenten convencer para que participe, creo que va a hacer demasiado frío para salir a correr.

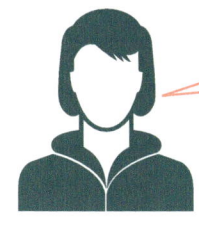

**5.1 En parejas** Trata de convencer a las personas anteriores para que contribuyan, aunque pongan esas excusas. Argumenta por qué.

**6 Todo el grupo** ¿Qué te parecen los bancos de tiempo? ¿Te gustaría participar en alguno? ¿Sabes si existe algo similar en tu país? ¿Qué otros servicios sociales sin ánimo de lucro ofrece tu comunidad?

**Atenuar la contraposición de ideas**

Para ser más efectivos en nuestra argumentación, conviene atenuar la contraposición de ideas. Para ello, puedes usar esta expresiones:
- **Te comprendo,** pero, aunque sea difícil/aburrido/cansado…
- **Sí, lo sé. Yo tengo el mismo problema,** pero, aunque…
- **Tienes razón, no siempre es fácil,** pero, aunque…

*Te comprendo, yo también estoy muy ocupada, pero, aunque no tengas mucho tiempo, es necesario ayudar para conseguir una sociedad más justa e igualitaria.*

Unidad 9 | ¿Colaboras?   ciento cincuenta y siete | 157

# EL COMERCIO JUSTO

Tienda de comercio justo

**1** **En parejas** ¿Sabes qué es el comercio justo? Estos son sus diez principios. ¿A qué crees que se refieren? ¿Cuál es su objetivo?

## Los diez principios del comercio justo

1. Oportunidades para productores desfavorecidos
2. Transparencia y responsabilidad
3. Prácticas comerciales justas
4. Pago justo
5. - No al trabajo infantil
   - No al trabajo forzoso
6. - No a la discriminación
   - Igualdad de género
   - Libertad de asociación
7. Buenas condiciones de trabajo
8. Desarrollo de capacidades
9. Promoción del comercio justo
10. Respeto al medioambiente

La ONG Golden Silk, en Camboya, fabrica seda de manera tradicional y sostenible. La mayoría de sus trabajadores son mujeres.

Recogida del fruto del cacao

## 2 Lee el texto y comprueba tus respuestas.

Cada artículo que compramos tiene una historia, la historia de las personas que lo elaboran. Las historias de quienes cultivan, procesan, elaboran o cosen los productos están marcadas muchas veces por jornadas de trabajo extenuantes e inhumanas, por salarios que no alcanzan para vivir con dignidad, por ingresos que no cubren los costos de producción; historias marcadas por ser mujer u hombre, historias de niños y niñas que se ven obligados a trabajar en lugar de ir a la escuela o jugar; historias, en definitiva, de injusticia.

Por todo ello, en la década de los cincuenta surgió un movimiento que va creciendo con los años: el comercio justo. Su objetivo es mejorar el acceso al mercado de los productores más desfavorecidos y cambiar las injustas reglas del comercio internacional, que consolidan la pobreza y la desigualdad mundial.

Sus principios básicos son:

- Los productores tienen unas condiciones laborales y unos salarios que les permiten vivir con dignidad.
- No se permite la explotación laboral infantil.
- Se promueve la igualdad entre hombres y mujeres: ambos reciben un trato y una retribución económica equitativa.
- Los artículos se fabrican mediante prácticas respetuosas con el entorno en el que se producen.

El café y el chocolate son los dos productos que nos vienen a la cabeza cuando pensamos en el comercio justo. Sin embargo, además de estos clásicos que conocemos todos, las organizaciones y tiendas de comercio justo ofrecen ya productos con los que buscan adaptarse a las necesidades comunes: tenis, celulares, protectores solares y otros cosméticos, refrescos y todo tipo de productos de alimentación están ya disponibles para la venta bajo el sistema de comercio justo. Comprando estos productos puedes mejorar la calidad de vida y la economía local y nacional de los países productores exportadores.

Adaptado de http://comerciojusto.org y https://www.eldiario.es/economia/productos-comercio-justo-pensabas-existian_0_642186471.html

> **LÉXICO**
> Latinoamérica › costo : *A él le encargaron estimar los costos y diseñar el programa de realización del proyecto.*
> España › coste : *Es más, los costes de impresión y distribución de las obras eran sustancialmente inferiores a la cifra facturada al señor Moliner.*

Unidad 9 | ¿Colaboras?

# HOSTAL Babel

## Profesores Sin Fronteras

## Antes del video

**1** **Todo el grupo** Fíjate en el título del episodio. ¿Qué crees que es *Profesores Sin Fronteras*? ¿A qué piensas que se dedica? Haz hipótesis con tus compañeros/as.

**2** **En grupos pequeños** Observa estas imágenes. Ambas están relacionadas. ¿Puedes imaginar por qué? Fíjate en los objetos que hay encima de la mesa donde están Carla y Leo.

## Durante del video

**3** Visiona el fragmento 00:30 ▶ 01:22 para comprobar tus hipótesis anteriores. ¿Acertaste?

**4** Visiona el fragmento 01:01 ▶ 03:20 y responde si las siguientes afirmaciones son verdaderas (V) o falsas (F).

1. Leo trabaja como voluntario en una ONG. ............... V F
2. Carla quiere colaborar en la misma ONG. ............... V F
3. Leo cree que él en realidad no es un auténtico voluntario. ... V F
4. Bea y Carla creen que Leo no puede ser un buen voluntario. ... V F
5. Leo movilizó a todo el barrio para colaborar con la ONG. ..... V F

**5** Visiona el fragmento 02:34 ▶ 02:44 y completa.

"La organización quiere ........................... a Unicef un cargamento de ........................... para escuelas en ...........................".

**6** Visiona el fragmento 03:31 ▶ 04:14 y numera las frases según el orden en que se dicen.

☐ Fue a tres reuniones informativas.
☐ Habló con sus amigos para pedirles material escolar.
☐ Pues no entiendo el comentario.
☐ Habló con los comerciantes de la zona y solicitó su colaboración.
☐ Se levantó temprano y organizó las bolsas.
☐ Leo solo está colaborando con una ONG.

160 | ciento sesenta

Unidad 9 | ¿Colaboras?

**7** Visiona de nuevo el comienzo del fragmento anterior y fíjate en el gesto que hace Carla. ¿Sabes qué significa? ¿A qué signo de puntuación hace referencia? ¿En tu lengua se usa también con el mismo significado?

**8** **En parejas** Visiona el fragmento 03:21 ○ final y relaciona las afirmaciones con el personaje correspondiente: Leo (L), Hugo (H), Carla (C) o Bea (B).

1. ☐ Va a quedarse en casa en la tarde para ayudar.
2. ☐ Ve a Leo como el director de la ONG.
3. ☐ No confía en su capacidad para hacer voluntariado en una ONG.
4. ☐ Conoció el proyecto de la ONG haciendo yoga.
5. ☐ Se reunió varias veces la semana pasada.
6. ☐ Colabora desde hace tiempo en una ONG.
7. ☐ Está sorprendida por la actividad de Leo.
8. ☐ Cree que Leo está más implicado con la campaña solidaria de lo que él mismo piensa.

**9** **En parejas** Visiona de nuevo este pequeño fragmento 04:26 ○ 04:40 y complétalo con las palabras que faltan.

Chicas, ¿ [1] .................. puedo pedir que [2] .................. en casa después de comer para atender a la gente? Solo [3] .................. que abrir la puerta. Carla, a ti se te dan muy bien esas cosas.

**9.1** **Todo el grupo** ¿A qué persona verbal se refieren las formas que escribiste? ¿Dónde se utilizan?

## Después del video

**10** **En parejas** ¿Con cuál de las siguientes frases estás más de acuerdo? Comenta tus opiniones con tu compañero/a argumentándolas.

**CARLA**
"Si te hace feliz colaborar, hacete miembro. Creo que te vas a sentir muy bien".

**LEO**
"Pienso en esta labor como un trabajo: tienes que hacerlo porque realmente te gusta y tienes que querer hacerlo".

**BEA**
"La palabra voluntario lo dice claro: vo-lun-ta-rio. Significa que lo haces porque quieres, pero, sobre todo, lo haces para que los demás se sientan bien".

> Carla utiliza en el episodio las palabras *tenés*, *hacete* y *sos*. ¿A qué persona y tiempo verbal pertenece cada una?
> .................. y ..................

**11** **Todo el grupo** ¿Por qué se ríen las muchachas de la actitud de Leo? ¿En qué se diferencia el concepto de voluntariado que tiene Leo del de Carla y Bea? ¿Con cuál de las dos posturas estás más de acuerdo? Justifica tu respuesta.

# Evaluación

**1** Clasifica estas palabras en su categoría correspondiente.

| recogida de firmas | voluntario/a | igualdad | necesitado/a | banco de alimentos | ancianos |
| soledad | socio/a | confianza | hacer un donativo | personas vulnerables | cooperante |
| denunciar | colecta | refugiado/a | solidaridad | concienciación |

| Sentimientos y valores | Personas involucradas en una ONG |
|---|---|
|  |  |

| Beneficiarios de las ONG | Actividades solidarias |
|---|---|
|  |  |

**2** Escribe el presente de subjuntivo de los siguientes verbos. Añade la persona *vosotros/as* si quieres practicarla.

| Conocer | Salir | Huir | Saber | Ver |
|---|---|---|---|---|
|  |  |  |  |  |

| Oír | Buscar | Tener | Haber | Ser |
|---|---|---|---|---|
|  |  |  |  |  |

**3** Completa las siguientes frases con alguno de los verbos anteriores en la persona adecuada del presente de subjuntivo.

1. Hasta que tú no ............................ las fechas de las vacaciones, no podremos hacer la reservación del viaje.
2. Cuando mi mamá ............................ a Mario, se va a poner recontenta.
3. Espero que en este hotel ............................ aire acondicionado.
4. Nomás el bebé ............................ ruido, se despertará, así que por favor, sean silenciosos.
5. Pablo, no quiero que ............................ si aún no hiciste las tareas.

**4** Ahora, escribe una frase con los 5 verbos que no utilizaste en la actividad 3.

1. ...................................................................................................................................................................
2. ...................................................................................................................................................................
3. ...................................................................................................................................................................
4. ...................................................................................................................................................................
5. ...................................................................................................................................................................

**5** Completa las frases con el verbo en la forma correcta.

1. Cuando ................................. (terminar) la secundaria, voy a estudiar Relaciones Internacionales.
2. Cuando no ................................. (entender) una palabra, la busco en el diccionario.
3. Nomás ................................. (llegar) los voluntarios, los refugiados empezaron a aplaudir.
4. Llámame tan pronto como ................................. (saber) el resultado.
5. En cuanto ................................. (terminar) la prueba, podrán salir del aula.

**6** Completa las frases con las expresiones temporales del cuadro.

| antes de | después de | antes de que | después de que | hasta que | desde que |

1. Siempre me lavo los dientes ................................. acostarme.
2. Tienes que estar en clase ................................. el profesor salga del aula.
3. Mañana, ................................. termine el partido, vamos a tener una reunión.
4. Laura colabora con ACNUR ................................. cumplió 18 años.
5. Un baño caliente es muy relajante ................................. hacer deporte.
6. La sociedad tiene que ser más solidaria ................................. sea demasiado tarde.

**7** Relaciona las columnas para formar frases con sentido.

1. No te lo diré aunque…
2. Mañana iremos de excursión aunque…
3. Aunque nomás tengo 15 años…
4. Antes de los análisis no desayunes aunque…
5. A pesar de que vive lejos…

a. haga mal tiempo.
b. tengas mucha hambre.
c. es muy puntual.
d. todo el mundo piensa que tengo 18.
e. me lo preguntes cien veces.

**8** Completa las frases sobre el comercio justo con las palabras adecuadas..

1. Uno de los principios del comercio justo es tener unas condiciones laborales y unos salarios ................................. que les permitan vivir con ..................................
2. El comercio justo está en contra del ................................. infantil.
3. Promueve la ................................. entre hombres y ..................................
4. Los productos de comercio justo tienen que ser ................................. con el ..................................
5. Además de cacao y ................................. hay productos muy variados como ................................. …

Unidad 9 | ¿Colaboras?  ciento sesenta y tres | 163

# Unidad 10

Fíjate en la foto principal. ¿Qué significa 'rebobinar'? ¿Qué contenidos crees que vas a trabajar en esta unidad si tomas en cuenta su título?

¿Qué hizo anoche el muchacho que está apoyado en la mesa?

Fíjate en la foto de la derecha; ¿qué tiempo hace?

# Rebobinamos

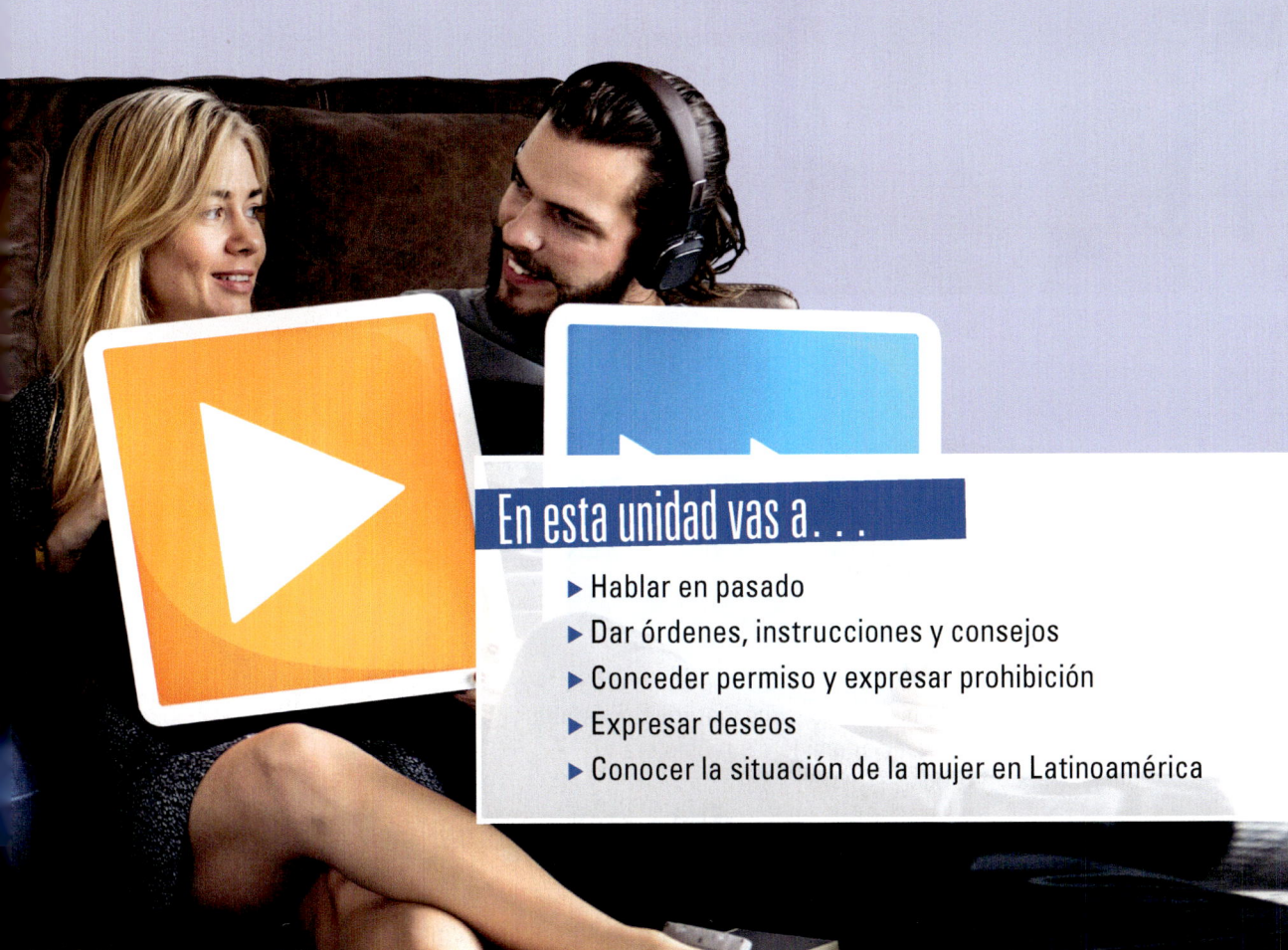

En esta unidad vas a...

- Hablar en pasado
- Dar órdenes, instrucciones y consejos
- Conceder permiso y expresar prohibición
- Expresar deseos
- Conocer la situación de la mujer en Latinoamérica

# ¿Qué sabes?

**1** **En parejas** Observa las imágenes. ¿Qué hizo Antonio esta semana? Completa las frases.

1. Esta mañana ............................................
2. Ayer ............................................ 
3. El lunes ............................................ 
4. Hoy ............................................ 
5. Antier ............................................ 
6. Hoy a mediodía ............................................ 
7. Hace dos días ............................................ 
8. Anoche ............................................ 
9. Esta semana ............................................ 

**1.1** **En grupos pequeños** Fíjate en la foto de Antonio de chico e imagina cómo era su vida entonces y qué cosas hacía normalmente. Comparte tus hipótesis con tus compañeros/as de grupo.

**1.2** **En grupos pequeños** Cuenta a la clase cómo era tu vida cuando ibas a la escuela: ¿qué materia te gustaba más?, ¿quién era tu mejor amigo/a?, ¿cómo era tu maestro/a preferido/a?

## 2. Completa las formas que faltan del presente de subjuntivo regular.

|  | Hablar | Leer | Escribir |
|---|---|---|---|
| yo |  |  |  |
| tú | hables | leas |  |
| él, ella, usted |  |  |  |
| nosotros/as |  |  | escribamos |
| vosotros/as | habléis | leáis | escribáis |
| ellos, ellas, ustedes |  |  |  |

**2.1 En parejas** Reescribe las frases que tienes a continuación en forma negativa. Luego compara con tu compañero/a.

1. Cierra la ventana.
No .................................................
2. Pongan la mesa. 
No .................................................
3. Tradúzcanlo. 
No .................................................
4. Váyase de acá. 
No .................................................
5. Sal ahorita. 
No .................................................
6. Tienda la cama. 
No .................................................

## 3. En parejas Da consejos a estas personas con el imperativo.

¡Gané a la lotería!

Vamos a estudiar español.

Me duele mucho la cabeza.

Queremos salir a bailar.

Quiero hacer un viaje.

**3.1** Transforma ahora los consejos de la actividad anterior con los verbos *aconsejar* o *recomendar*.

# Palabras

**1** Relaciona las siguientes definiciones con su palabra correspondiente.

1. Lo que se crea, se diseña, se idea o se produce por primera vez.
2. Contaminación del agua o del aire.
3. Estación del año donde el clima es caluroso.
4. Residuos de cualquier tipo.
5. Mar grande que cubre la mayor parte de la Tierra.
6. Página web en la que los internautas intercambian información creando una comunidad virtual.
7. Sistema informático que busca archivos almacenados en servidores web.
8. Comunicación que se envía a través del celular. Puedes ser escrito o de voz.
9. Periodo de cien años.
10. Estación del año donde el clima es templado.

a. polución
b. primavera
c. red social
d. basura
e. mensaje
f. océano
g. invento
h. siglo
i. buscador
j. verano

**1.1 En parejas** Clasifica las palabras anteriores en su ámbito correspondiente y añade dos palabras más por sección.

- Internet
- Clima
- Naturaleza y medioambiente
- Historia

**2 En grupos pequeños** Completa con las palabras que faltan en la variante de Latinoamérica o de España. Después escribe un ejemplo para cada caso.

**LÉXICO**

Latinoamérica
1. › celular : ...........
2. › ........... : ...........
3. › ........... : ...........
4. › *mouse* : ...........
5. › (hacer una) reservación : ...........
6. › nomás : ...........
7. › ........... : ...........
8. › ........... : ...........
9. › ........... : ...........
10. › comercial : ...........
11. › ........... : ...........
12. › ........... : ...........

España
1. › ........... : ...........
2. › ordenador : ...........
3. › película : ...........
4. › ........... : ...........
5. › reservar : *Reservé dos habitaciones en un hotel para el fin de semana.*
6. › ........... : ...........
7. › salón : ...........
8. › coste : ...........
9. › patata : ...........
10. › ........... : ...........
11. › pimiento : ...........
12. › trapear el piso : ...........

**3** **Todo el grupo** Distribuyan la clase en dos grupos: A y B. En primer lugar, lean con atención las preguntas y asegúrense de que saben todas las respuestas. Luego háganle las preguntas al equipo contrario y confirmen si sus respuestas son correctas o no.

**Grupo A**
1. ¿Qué significa 'ir de compras'?
2. ¿Qué tipo de comida es un yogur?
3. Tu profesor/a se va a casar; ¿qué le dices?
4. Para expresar la nacionalidad usamos el verbo…
5. Llevar un archivo de internet a nuestra computadora es…
6. Define la palabra *contraseña*.
7. Di un sinónimo de *hecho* o *acontecimiento*.
8. ¿Qué significa 'está nublado'?
9. Di el nombre de tres secciones de un diario.
10. Si llevas tu celular a reparar en lugar de tirarlo, ¿qué haces?
11. ¿En qué ámbito puedes encontrar las palabras *banderola*, *etiqueta* o *boletín*?
12. Di el nombre de tres estancias de una casa.
13. Indica con un gesto qué es trapear el piso.
14. ¿Qué significan las siglas ONG?

**Grupo B**
1. ¿Qué compras cuando "haces las compras"?
2. Di el nombre de dos verduras.
3. Felicita a tu compañero/a por su cumpleaños.
4. Para hablar de estados de ánimo, ¿se usa el verbo *ser* o *estar*?
5. Ir de una página de internet a otra es…
6. ¿Para qué sirve un teclado?
7. Define la palabra *siglo*.
8. ¿Qué significa 'hace viento'?
9. ¿Qué es el titular de un periódico?
10. Da un ejemplo de cómo reutilizar algo.
11. Di el nombre de dos palabras relacionadas con las compras en línea.
12. Indica con un gesto qué es sacar el polvo.
13. ¿Qué es una colecta?
14. 'Sin ánimo de lucro' significa…

**4** **Todo el grupo** De los recursos que viste en el curso, ¿cuáles utilizas para aprender y recordar el vocabulario? Coméntalo con tus compañeros/as. ¿Cuál crees que es el más efectivo?

# Gramática

### 1. Usos del pretérito y del imperfecto (repaso)

- Usamos el **pretérito** para:
  - Expresar **acciones terminadas**:
    *El año pasado viajé a México.*
  - Dar información sobre la **vida** de una persona:
    *Ana nació en Cali en 2005.*
  - Hablar de **hechos históricos** y acontecimientos del pasado:
    *El 20 de julio de 1969 el hombre pisó la Luna por primera vez.*

- Usamos el **imperfecto** para:
  - **Describir** en pasado:
    *La casa era muy linda y tenía un jardín muy grande con piscina.*
  - Hablar de **acciones habituales** en el pasado:
    *Iba al gimnasio todos los días y después veía a mis amigos.*
  - Referirnos a una **acción** no terminada, **durativa**, en el momento en que otra sucede:
    *Platicaba con María cuando sonó el teléfono.*

> Recuerda:
> El **imperfecto** presenta la acción en un tiempo pasado, pero **sin especificar el comienzo o el final** de la misma. Por esta razón, el imperfecto es el tiempo que usamos para la **descripción** y para hablar de las **circunstancias** que rodean a los **hechos o acciones**, que se expresan en **pretérito**:
> *Ayer almorcé un ceviche que estaba padrísimo.*

**1.1** Ordena estos enunciados y clasifícalos según su función: narración (N) o descripción (D). Luego escribe la historia en tu cuaderno en el orden adecuado.

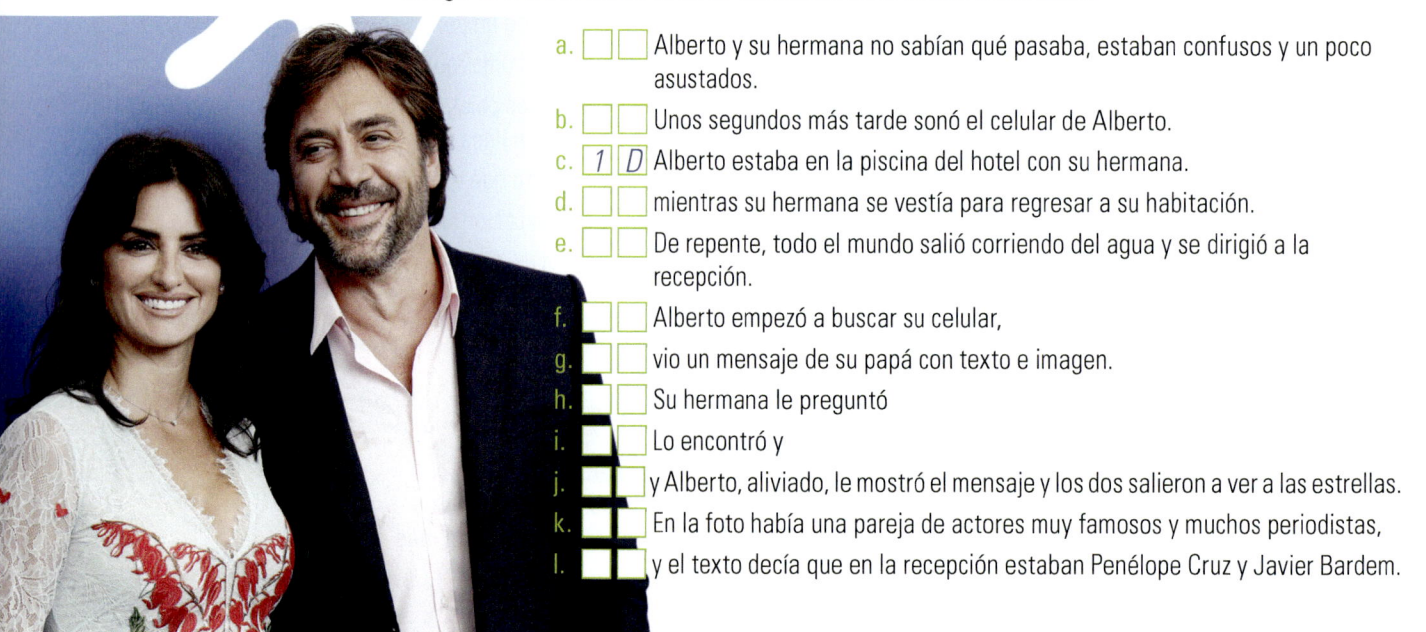

a. ☐☐ Alberto y su hermana no sabían qué pasaba, estaban confusos y un poco asustados.
b. ☐☐ Unos segundos más tarde sonó el celular de Alberto.
c. 1 D Alberto estaba en la piscina del hotel con su hermana.
d. ☐☐ mientras su hermana se vestía para regresar a su habitación.
e. ☐☐ De repente, todo el mundo salió corriendo del agua y se dirigió a la recepción.
f. ☐☐ Alberto empezó a buscar su celular,
g. ☐☐ vio un mensaje de su papá con texto e imagen.
h. ☐☐ Su hermana le preguntó
i. ☐☐ Lo encontró y
j. ☐☐ y Alberto, aliviado, le mostró el mensaje y los dos salieron a ver a las estrellas.
k. ☐☐ En la foto había una pareja de actores muy famosos y muchos periodistas,
l. ☐☐ y el texto decía que en la recepción estaban Penélope Cruz y Javier Bardem.

## 1.2 Escucha la historia de Sergio y completa las frases. Luego clasifícalas en su caja correspondiente.

[39]

1. Sergio ............................ por la calle donde viven sus papás.
2. De repente ............................ un ruido muy fuerte.
3. La gente ............................ a correr, pero él ............................ paralizado.
4. Sergio ............................ tres opciones: ............................ allá, ............................ como el resto de las personas o ............................ su camino.
5. ............................ seguir caminando.
6. ............................ muchas ganas de ver a sus papás.
7. Todo el mundo ............................ en dirección contraria.
8. Por eso ............................ y ............................ un golpe en la cabeza. Cinco horas más tarde ............................ en la cama de un hospital.
9. A Sergio no ............................ nada grave.

Narración                    Descripción

## 2 Algunos usos del subjuntivo (repaso)

- El subjuntivo se usa en estructuras que sirven para dar **consejos** o **recomendaciones**, expresar **permiso**, **prohibición**, **deseos** y **peticiones**:

    *Te recomiendo que **veas** esa serie, ¡es bien entretenida!*
    *No, no insistas. No te dejo que **vayas** a la excursión. Estás castigado.*
    *Espero que **tengan** buen viaje.*

    – En los verbos que expresan consejo, recomendación, prohibición o permiso, hay dos estructuras que se usan indistintamente:
    *Les prohíbo **que abandonen** la escuela. = Les prohíbo **abandonar** la escuela.*

    – En los verbos que expresan deseos o peticiones, si el sujeto del verbo principal es el mismo que el del segundo verbo, se usa infinitivo:
    *Quiero (yo) **que me ayudes** (tú).    Quiero (yo) **ayudarte** (yo).*

- También se usa en algunas **oraciones temporales** para expresar **futuro**:
    *Nomás **acabe** la clase, regresaré a casa y me pondré a estudiar.*

### 2.1 Completa las siguientes frases con la forma correcta del verbo entre paréntesis.

1. Cada vez que me ............................ (enviar, ellos) un mensaje, sale una notificación en mi celular.
2. Le pido, por favor, que ............................ (terminar) cuanto antes, vamos a cerrar.
3. Cuando ............................ (tener, tú) un rato, ayúdame, por favor. Es que no entiendo estos ejercicios.
4. Mis papás me prohíben ............................ (salir) de noche. Dicen que todavía soy muy joven.
5. ¿Me dejas que te ............................ (ayudar)?
6. Mi consejo es que ............................ (comer, usted) más sano y que no ............................ (tomar) tanta sal en las comidas. Así su presión bajará.
7. Ayer, mientras mi chava ............................ (ver) una serie, yo ............................ (estar) leyendo un libro.
8. Les recomiendo que no ............................ (superar) el límite de velocidad, les pueden quitar la licencia de conducir.
9. Lo que más deseo en este mundo es ............................ (terminar) mis estudios y hacerme voluntario para ayudar a los demás.
10. Antes, la gente ............................ (trabajar) desde que ............................ (salir) el sol, hasta que ............................ (hacerse) de noche.

Unidad 10 | Rebobinamos                    ciento setenta y uno | 171

# Practica en contexto

**1** [40] Los estudiantes de una universidad están preparando un anuario en el que van a publicar los sucesos más importantes que ocurrieron durante el curso. Escucha y escribe en tu cuaderno qué secciones habrá en el anuario.

**2** **En parejas** Para la sección de deportes del anuario, tienen dos artículos, pero los copiaron mal y falta información. Complétalos colocando estos fragmentos en su lugar adecuado. Sobra un fragmento, ¿cuál?

1. un contundente 6-3, 6-2. El partido duró una hora y veintitrés minutos
2. que perdieron por penaltis tras terminar 0-0 el partido
3. el árbitro suspendió el partido por la lluvia y
4. el tercer campeonato que se celebra entre
5. se jugó el pasado mes de abril y perdieron 1-0; y en

### A) Un estudiante de Derecho, ganador del torneo de tenis entre universidades

Gabriel Heredia, que estudia tercero de Derecho, ganó el pasado sábado ☐ las universidades de nuestra ciudad en esta disciplina deportiva.

Nuestro compañero se proclamó campeón, ganando la final por ☐.

### B) Nuestro equipo femenino de fútbol quedó finalista en dos campeonatos

Nuestras muchachas del cuarto curso de Económicas llegaron a dos importantes finales durante este año. La primera ☐ junio quedaron de nuevo finalistas en otro campeonato entre universidades ☐.

Esperamos que el año que viene jueguen igual de bien.

**2.1** **Todo el grupo** Este es el informe sobre el deporte en México que se publicó en el anuario junto a los dos artículos anteriores. Léelo y contesta a las preguntas. Puedes consultar internet si lo necesitas.

### El deporte en México

Es indiscutible que el fútbol ocupa la primera posición entre los deportes más populares de México, con un porcentaje del 58 % de personas que prefieren jugar o ver fútbol. También hay una gran cantidad de personas que practican el arte marcial del taekwondo en México. Esto se debe a que es un deporte que la gente puede hacer en cualquier lugar y en cualquier momento.

El box, el básquetbol, el béisbol y la lucha libre son, después del fútbol y del taekwondo, los deportes que más gustan en este país.

Si hablamos de las mujeres, y aunque los hábitos deportivos son muy diversos, es la natación el deporte más practicado.

Por último, se está haciendo muy popular el fútbol americano, que ya ocupa un puesto destacado en las preferencias de los mexicanos.

Adaptado de https://www.elheraldodesaltillo.mx/2019/04/23/descubre-los-deportes-mas-practicados-en-mexico/

1. ¿Cuáles son los deportes más populares en México? ¿Y en tu país o comunidad?
2. ¿Cuáles son los deportes que más se practican en el mundo?
3. ¿Cuál es el deporte mundial por excelencia?

## 3. En parejas
Lee lo que contaron algunos estudiantes para la sección de viajes del anuario y conjuga los verbos entre paréntesis en el tiempo adecuado del pasado.

**LEO**
Nuestro viaje [1] ............... (ser) en abril, la [2] ............... (pasar, nosotros) chévere. [3] ............... (Visitar, nosotros) varias pirámides aztecas y [4] ............... (comer, nosotros) burritos y enchiladas. También [5] ............... (estar, nosotros) en la Casa Azul, donde [6] ............... (vivir) la pintora Frida Kahlo. La verdad es que me [7] ............... (gustar) mucho el viaje.

**ANABEL**
Yo [1] ............... (viajar) esta semana con mi clase. Durante los cinco días que [2] ............... (durar) el viaje, [3] ............... (hacer, yo) muchas cosas: Cada día [4] ............... (ir) a la playa y [5] ............... (bañarse). También una noche [6] ............... (salir) todos a bailar salsa. Ese día [7] ............... (disfrutar, yo) mucho de la vida nocturna y [8] ............... (poder) practicar mi español. [9] ............... (Regresar, nosotros) hoy mismo.

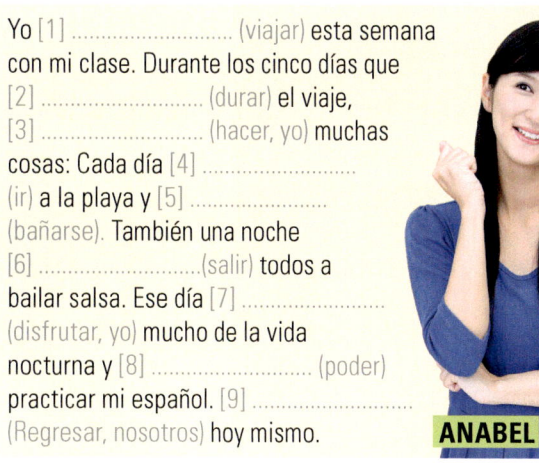

**MARTA**
Mi clase [1] ............... (hacer) el viaje en marzo. Como todos [2] ............... (estar) cansados porque este curso [3] ............... (ser) duro, [4] ............... (decidir) ir a un pueblito de Los Andes. Todos los días [5] ............... (hacer, nosotros) senderismo y también [6] ............... (ir) al río y [7] ............... (bañarse). Todo en un plan muy tranquilo porque [8] ............... (necesitar, nosotros) descansar.

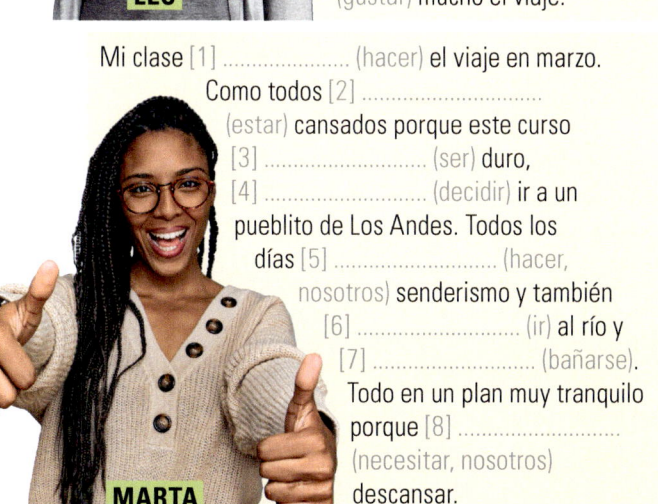

**NÉSTOR**
Mi curso este año [1] ............... (hacer) un viaje de naturaleza. En abril [2] ............... (estar, nosotros) una semana visitando los parques nacionales de Corcovado y de Manuel Antonio: [3] ............... (ver, nosotros) aves, tortugas, monos… No [4] ............... (haber) demasiados turistas y el tiempo [5] ............... (ser) maravilloso.

### 3.1 En parejas
Relaciona ahora a los estudiantes con un destino y con un tipo de turismo.

1. turismo rural
2. ecoturismo
3. turismo cultural
4. turismo de sol y playa

a. Leo
b. Anabel
c. Marta
d. Néstor

A. Perú
B. Costa Rica
C. México
D. República Dominicana

A. Perú
B. Costa Rica 
C. México 
D. República Dominicana

**Contar una anécdota**
- Una anécdota es un **relato breve** sobre algún acontecimiento **curioso** o **divertido**.
- En la conversación es frecuente introducir la anécdota con expresiones como:
  – **¿Sabes lo que me pasó** ayer/el lunes/el otro día/cuando llegué a…?
  – **Te voy a contar una cosa** que me pasó ayer/el lunes/el otro día/cuando llegué a…
  – **Pues resulta que** ayer/el lunes/el otro día/cuando llegué a…
- El/La interlocutor/a contesta con:
  – ¿Qué te pasó? – Cuenta, cuenta.
- Y reacciona a lo largo del relato con expresiones como:
  – ¡Qué bien/mal/(buena) suerte/ mala suerte…!
  – ¡No me digas!
  – ¡Es increíble!

> Recuerda que en español es necesario ir reaccionando ante lo que narra tu interlocutor/a. El silencio absoluto se interpreta como falta de interés.

**Marcadores temporales (repaso)**
Recuerda que los marcadores temporales *antes, después, mientras, siempre* y *cuando* son un recurso fundamental de la narración porque relacionan dos acciones y permiten saber en qué momento ocurre cada acción:
 Juan llegó **antes**, luego vine yo.
 Ayer almorcé y **después** me fui a clase.
 **Mientras** cenábamos, vimos las noticias.
 **Siempre** se bañaba antes de acostarse.
 **Cuando** nací, mi mamá tenía 27 años.

**3.2 Todo el grupo** ¿Cuál es el último viaje que hiciste? ¿Cuándo fue? ¿Dónde fuiste? ¿Te gustó? Cuenta alguna anécdota que te sucedió en él.

> Pues el verano pasado fui a Tailandia y me encantó. Resulta que…

> ¿Ah, sí? ¡Qué suerte!

**4** [41] Vas a escuchar las respuestas que dio la profesora en la entrevista que le hicieron para el anuario. Relaciónalas con las preguntas que tienes a continuación.

Respuesta n.º…

a. ¿Cuándo empezaste a trabajar como profesora? ☐
b. ¿Por qué decidiste hacerte profesora de español? ☐
c. ¿Cómo te formaste? ¿Qué estudiaste? ☐
d. ¿En cuántos lugares enseñaste? ☐
e. ¿Qué fue lo más interesante de este curso? ☐
f. ¿Qué aprendiste de tus estudiantes? ☐
g. ¿Cómo eras tú como estudiante? ☐
h. ¿Cuál era tu profesor/a favorito/a y por qué? ☐

**4.1 En parejas** Escribe dos preguntas que te gustaría hacer a tu profesor/a de español acerca de su trabajo.
1. ........................................................
2. ........................................................

**4.2 Todo el grupo** Comparte tus preguntas con el resto de parejas y preparen una entrevista para su profesor/a. Tomen como modelo la entrevista de la actividad 4.

**4.3 Todo el grupo** Háganle la entrevista a su profesor/a. ¿Les sorprendió alguna de sus respuestas?

**5** **En parejas** En el anuario también se incluyeron estos consejos para ayudar a conservar el medioambiente. Conjuga los verbos en imperativo afirmativo o negativo, tomando en cuenta el sentido lógico de las frases. Luego ordena los consejos según la importancia que tienen para ti. Trabaja con tu compañero/a.

## Ayuda a conservar el medioambiente

- [1] ............................ (Aprovechar) al máximo la luz natural, así ahorras energía.
- [2] ............................ (Llevar) una bolsa de tela para tus compras, las de plástico de usar y tirar son muy contaminantes.
- [3] ............................ (Dejar) conectados los aparatos eléctricos al salir de casa.
- [4] ............................ (Tirar) a la basura algo que puedes reciclar.
- [5] ............................ (Usar) el papel por las dos caras, y luego [6] ............................ (reciclarlo).
- [7] ............................ (Moverse) en bicicleta o transporte público en vez de usar el auto.
- [8] ............................ (Comprar) productos de limpieza. Puedes limpiar toda la casa con vinagre, limón y jabón.
- [9] ............................ (Poner) la calefacción por encima de 21 grados.
- [10] ............................ (Consumir) alimentos de temporada y de la zona donde vives, así su producción y transporte serán mucho más ecológicos.
- [11] ............................ (Tirar) los medicamentos caducados a la basura, [12] ............................ (llevarlos) a la farmacia para que los reciclen como es debido.

**5.1** **Todo el grupo** Comparte con el resto de la clase el resultado. ¿Cuáles son los tres consejos más valorados por todo el grupo? ¿Por qué?

**6** Lee el siguiente texto. ¿Sabes qué significa la expresión que está resaltada? Defínela con tus propias palabras.

> **LÉXICO**
> […] Sé que tengo una oportunidad, aunque sea muy pequeña, que no pienso desaprovechar. Después de la contrarreloj, hay corredores de mis características peor clasificados y eso me da ánimos para ir a luchar por lo que pueda. Pero no quiero hacer castillos en el aire que se me caigan luego encima. Tengo que ser más prudente que nunca.
>
> Extraído de "Sastre no quiere hacer castillos en el aire". El País.com. Madrid: elpais.com, 2006-07-11.
> Incluido en CORPES (Corpus del Español del siglo xxi)

**6.1** **En parejas** Compara tu definición con tu compañero/a. ¿Se parecen? ¿Existe esta expresión en tu lengua u otra similar que signifique lo mismo?

**6.2** **Todo el grupo** Vamos a hacer algunos castillos en el aire. ¿Qué vas a hacer nomás termine este curso? ¿Y cuando domines el español? ¿Y cuando termines tus estudios? Explica a tus compañeros/as cuáles son tus planes de futuro y tus sueños.

# SER MUJER EN AMÉRICA LATINA

8 de marzo, Día de la Mujer, manifestación en Guadalajara, México

**1** Lee el texto y busca un sinónimo de estas palabras.

1. tipo ........................................
2. trabajadoras domésticas ........................
3. legado ....................................
4. crecer ....................................
5. diferentes ................................
6. ciudades .................................

La situación de las mujeres en Latinoamérica cambió en los últimos años. Actualmente, hay muchas más mujeres que viven en grandes metrópolis, como São Paolo, Buenos Aires y Ciudad de México, que en las zonas rurales. En los últimos veinte años, el número de mujeres en la administración política de sus países aumentó considerablemente, y el número de senadoras, juezas, alcaldesas y presidentas de Estado es muy superior al de otros países: según investigaciones del Programa de las Naciones Unidas para el Desarrollo (PNUD), la proporción más alta de mujeres en cargos de toma de decisiones en la administración pública se encuentra en América Latina y el Caribe (43,4 %).

Pero este aumento de la participación laboral de la mujer coexiste con un número creciente de mujeres que viven en condiciones de pobreza, trabajando en la economía informal, como vendedoras ambulantes, lavanderas y sirvientas.

Esta variación, no solo económica sino también sociocultural, hace que no podamos hablar de un solo perfil de mujer latinoamericana: una venezolana tendrá problemas para comunicarse con una brasileña, puesto que hablan distintos idiomas, y sus referencias culturales son muy dispares. Del mismo modo, una mujer de negocios de Buenos Aires tendrá muy poco en común con una campesina de Perú. Por lo tanto, la historia de las mujeres latinoamericanas debe escribirse a partir de la plena conciencia de esta herencia y diversidad.

**1.1** Resume el texto con tus propias palabras. ¿Cuáles son las ideas principales?

**1.2** <mark>Todo el grupo</mark> Fíjate en la foto de la manifestación. Uno de los carteles habla de *sororidad*. ¿Sabes a qué se refiere este concepto? ¿Cómo se dice en tu lengua?

**2** ¿Cuál crees que fue la vida de estas mujeres luchadoras? Escucha y señala qué información corresponde a cada una.
[42]

Fabiola Navarro

Estela de Carlotto

Lourdes Tibán

1. Líder indígena ecuatoriana y doctora en jurisprudencia. ............
2. Su lema es "Si se olvida, se repite". ............
3. Entre sus casos hay deportaciones y visas humanitarias, de familia y de ciudadanía. ............
4. El símbolo de su lucha es un pañuelo blanco. ............
5. Pertenece al Movimiento de Unidad Plurinacional Pachakutik. ............
6. Abogada chilena que defiende a inmigrantes en la zona fronteriza de California. ............
7. Candidata al Foro Permanente para las Cuestiones Indígenas de las Naciones Unidas. ............
8. "Me comprometo con mis clientes como si fuera mi propia vida porque la vida de otro es la que está en juego". ............
9. Es la presidenta de la Asociación Abuelas de la Plaza de Mayo. ............
10. Entre sus objetivos están conseguir el respeto a los valores culturales de los pueblos indígenas y la igualdad de oportunidades. ............
11. Defiende a los mexicanos que intentan cruzar la frontera de Estados Unidos. ............
12. Pudo encontrar a su nieto, nacido en prisión, después de buscarlo durante treinta y seis años. ............

**3** **Todo el grupo** ¿Qué tres temas de la historia de América Latina se relacionan con las vidas de estas tres mujeres? Puedes buscar información en internet.

Unidad 10 | Rebobinamos
ciento setenta y siete | 177

# HOSTAL Babel

## Recuerdos con paté de algas

### Antes del video

**1** Este capítulo se titula *Recuerdos con paté de algas*; ¿de qué crees que trata?

**2** Ahora que conoces bien a los personajes, ¿quién crees que ofrece a los demás el paté de algas?

**3** **En parejas** Ordena el diálogo que tienes a continuación. Compara tu respuesta con tu compañero/a.

- [1] a. Hugo: La cena se ve superrica… Es una gran idea para celebrar el final del curso.
- [ ] b. Hugo: Sí, durante un tiempo íbamos todas las tardes a jugar al parchís, ¿recuerdan?
- [ ] c. Carla: Como siempre, Bea quiere celebrar el final de otro curso preparándonos una supercena. ¡Ya es tradición en el hostal Babel!
- [ ] d. Carla: Sí, eso sí que es cierto.
- [ ] e. Leo: Es verdad, yo no gané ni una partida…
- [ ] f. Tere: Reconoce que te gustaba vernos ahí, cerquita de ti… ¡Confiésalo! ¡Te gustaba vernos!
- [ ] g. Tere: Sí, pero yo siempre os ganaba.
- [ ] h. Carla: Claro, ustedes pasaban una tarde relinda, pero yo estaba trabajando.
- [ ] i. Tere: La verdad es que ha sido un curso estupendo…

**4** Fíjate en estas imágenes. ¿Por qué crees que los personajes tienen regalos? ¿Quién los hace y qué están festejando?

### Durante el video

**5** Visiona el fragmento 00:30 ○ 01:34 y comprueba tus repuestas de las actividades 1 y 2.

**6** Ahora visiona el fragmento 01:20 ○ 02:08 y comprueba si ordenaste correctamente el diálogo de la actividad 3.

**7** **En parejas** Visiona el fragmento 02:08 ○ 04:46 y luego elige la opción adecuada.

1. Carla recuerda que llovía mucho…
   a. la tarde en que fue de compras con Tere.
   b. cuando Tere y Bea fueron a verla mientras estaban de compras.
   c. una tarde que Bea olvidó la compra en una tienda.

2. Hugo se acuerda…
   a. de la fiesta sorpresa que hicieron para Bea.
   b. de una fiesta muy divertida que hicieron unos meses antes.
   c. de lo que tuvieron que limpiar después de la fiesta.

Unidad 10 | Rebobinamos

3. Leo dice que…
   a. Hugo siempre se pone muy pesado con la alimentación.
   b. no le importa que lo llamen "rarito".
   c. en todos los grupos tiene que haber un rarito.

4. Tere piensa que…
   a. Carla trabaja demasiado.
   b. Carla se divirtió muy poco durante el curso.
   c. Carla debe tener más tardes libres.

5. Carla dice que…
   a. el próximo año buscará un trabajo que le ocupe menos tiempo.
   b. aprovechó bien el poco tiempo libre.
   c. sus amigos no tienen razón, que no trabaja demasiado.

6. Durante el fragmento…
   a. Carla le dice a Hugo que es un poco raro.
   b. Tere está preocupada porque Bea no llega.
   c. Leo le dice a Hugo que lo acepta como es.

**8** **En parejas** Visiona el último fragmento del video, 04:43 ○ final, y a continuación ordena cronológicamente estas imágenes. Después narra, usando el pasado, toda la secuencia.

A  B  C

D  E

..........................................................................................................................
..........................................................................................................................
..........................................................................................................................
..........................................................................................................................
..........................................................................................................................
..........................................................................................................................

## Después del video

**9** **Todo el grupo** ¿Conviviste alguna vez con otros estudiantes? ¿Había, entre ellos, estudiantes de países diferentes al tuyo? ¿Cómo fue la experiencia?

**10** **Todo el grupo** Piensa en algún momento de tu vida como estudiante que recuerdes especialmente y compártelo con tus compañeros/as.

**11** **Todo el grupo** ¿Cuál de los personajes del hostal Babel te resulta más simpático? ¿Por qué?

Unidad 10 | Rebobinamos  ciento setenta y nueve | 179

# Evaluación

**1** Fíjate en la imagen, escucha la descripción que hace Laura de su casa y escribe las tres diferencias que hay entre lo que dice y el plano.

[43]

① 

② 

③ 

**2** Usa el vocabulario de la actividad anterior y escribe una redacción de unas cien palabras describiendo cómo era la casa en la que vivías cuando eras chico/a.

**3** En el correo que escribió Peter a una amiga hay varios errores en el uso de los pasados. Localízalos y corrígelos.

| De: Peter | Para: Carmen | Asunto: Mi viaje |

Hola, Carmen:
¿Cómo estás? Yo llegaba bien ayer a casa. El viaje de regreso fue divertido. En el tren conocía a unos muchachos de mi país y conversamos sobre nuestras experiencias acá, estuvo bien. Ellos tenían una visión de Argentina muy diferente de la mía, quizá porque solo estaban de vacaciones, mientras que yo vine para estudiar y vivo con argentinos. Además, no hablaron español y creo que, si no hablas el idioma del país donde viajas, tu conocimiento del lugar es mucho más limitado. Yo también, cuando llegué acá, pensé de una forma distinta a como pienso ahora. En estos meses mi español mejoraba mucho y eso me permite conversar con la gente y entender mejor las costumbres y la cultura del país. Bueno, espero que vengas pronto a verme.
Un abrazo,
Peter

| Incorrectos | Correctos |
| --- | --- |
|  |  |

180 | ciento ochenta

Unidad 10 | Rebobinamos

**4** Escribe un correo a tu amigo/a donde le expliques qué pensabas tú del español y del mundo hispánico antes de empezar a estudiar el idioma y qué piensas ahora.

**5** Fíjate en las siguientes frases y relaciónalas con uno de los dos títulos. Luego conjuga los verbos en pasado para completar las historias.

> Hacer muchas excursiones. | Rentar un auto. | Alojarse en un hotel.
> Conocer a los compañeros y a las compañeras. | Llegar media hora antes. | Pasarla bien.
> Tener miedo de llegar tarde. | Acabar muy cansado/a. | Ir a esquiar. | Ser linda la oficina.
> Ser un lunes. | Tomar muchas fotos. | Parecer simpáticos. | Estar casi vacío el hotel.
> Estar nervioso/a. | Haber poca nieve.

| En nuestras últimas vacaciones | Mi primer día de trabajo |
|---|---|
|  |  |

**6** Completa el texto con los verbos del recuadro. Debes conjugarlos en imperativo y usar pronombres de complemento si son necesarios.

> navegar | subir | chatear | descargar | guardar | imprimir | publicar | compartir

Te vamos a dar algunos consejos básicos que debe seguir todo usuario de una computadora o internauta:

– [1] ................ a menudo los documentos en los que estás trabajando y [2] ................, si son importantes, a la nube.
– En internet, [3] ................ siempre por sitios seguros, no [4] ................ archivos de webs que no conoces y tampoco [5] ................ con desconocidos.
– [6] ................ fotos y videos tuyos en las redes sociales si quieres, pero [7] ................ solo con tus amigos.
– [8] ................ siempre en papel reciclado.

**7** Escribe dos consejos más para un/a internauta.

**8** Transforma las frases usando el presente de subjuntivo y expresando permiso, prohibición, peticiones, consejos o deseos.

1. Diviértete mucho.
2. No llegues tarde.
3. Hablen con ellos, lo entenderán.
4. Espéreme solo un minuto.
5. Piénsalo con calma.
6. Háganlo ya.
7. No vayas con ellos.
8. No se pongan ahí.
9. Díganme la verdad.

# Apéndices

Pronunciación y ortografía .......................... AP 2

Tabla de verbos .......................................... AP 7

Glosario ..................................................... AP 14

# Ficha 6 — Contraste de los sonidos /k/ y /g/. Las letras *c/q/k*

**1** Escucha y repite estas dos series de palabras, la primera con el sonido /k/ y la segunda con el sonido /g/. ¿Sabes identificar cómo colocas la lengua cuando pronuncias estos sonidos?

[54]

| Palabras con /k/ | | Palabras con /g/ | |
|---|---|---|---|
| • cuco | • koala | • gato | • globo |
| • caro | • oca | • guerra | • tango |
| • queso | • cocinar | • regla | • guisante |
| • comida | • crema | • desagüe | • albergue |

*cuco*

*desagüe*

**1.1** **Todo el grupo** Escucha de nuevo la segunda serie de palabras. En cuatro palabras la /g/ suena más fuerte y en otras cuatro, la /g/ es más suave. Clasifícalas en la tabla.

[55]

| /g/ fuerte | | | | |
|---|---|---|---|---|
| /g/ suave | | | | |

**2** Marca en cada par la palabra que escuches en primer lugar.

[56]

☐ gallo / ☐ callo   ☐ gama / ☐ cama   ☐ goma / ☐ coma   ☐ guiso / ☐ quiso

☐ guita / ☐ quita   ☐ gasa / ☐ casa   ☐ gana / ☐ cana   ☐ toca / ☐ toga

**3** Lee la información y completa el esquema con las palabras del cuadro que está debajo.

### Las letras *c/q/k*

- Se escribe *c* (con sonido /k/) ante las vocales *a*, *o* y *u*: *cama, cosa, cuento...*
- Se escribe *qu* ante *e*, *i*: *quemar, quince...*
- Se escribe *k* ante *a*, *e*, *i*, *o* y *u*. Normalmente estas palabras proceden de otras lenguas: *kamikaze, Kenia, kiwi, Kosovo, sudoku...*

kétchup | cocina | kung-fu | casa | queso | kárate | kilo | cuna | koala | quiero

c + a ........ / o ........ / u ........

k + a ........ / e ........ / i ........ / o ........ / u ........

qu + e ........ / i ........

**4** Escucha y completa el texto.

[57]

[1] .......... [2] .......... comer una hamburguesa en un restaurante [3] .......... hay en la [4] .......... de su casa. [5] .......... llegó, pidió una hamburguesa de [6] .......... de cerdo con [7] .......... y [8] .......... Su mamá le dijo que no debía [9] .......... tanta grasa [10] .......... no era muy saludable y, además, podía tener [11] ...........

AP 2

Pronunciación y ortografía

# Ficha 7 — Los sonidos /j/ y /f/

**1** [58] **En parejas** El profesor/a les va a hacer una pregunta. Ganará la pareja que consiga usar más palabras de esta lista para responder a la pregunta.

- julio
- rojo
- viaje
- jamón
- jugar
- gente
- alojarse
- reloj
- elegir
- estrategia
- envejecer
- jardín
- lejos
- objetivo
- jueves

> Fíjate:
> El sonido /j/ se representa gráficamente con las letras **g** y **j**: ja, ge/je, gi/ji, jo, ju.
> Ejemplos: ca*ja*, *ge*nte, *je*fe, a*gi*tar, co*jí*n, *jo*ya, *Ju*lián.

**2** [59] Escucha las palabras y escríbelas junto a su par correspondiente. Si no conoces algún significado, fíjate en las fotos, pregúntale a tu profesor/a o busca la palabra en el diccionario.

soga

soja

1. paga/..........................
2. digo/..........................
3. lija/..........................
4. gusto/..........................
5. hijo/..........................
6. bajo/..........................
7. hago/..........................
8. soja/..........................
9. pague/..........................
10. gota/..........................

ajo

higo

**3** [60] Escucha las siguientes palabras y escríbelas en el cuadro correspondiente.

| Con /f/ | Con /fl/ | Con /fr/ |
|---|---|---|
|  |  |  |

**4** [61] Escucha y une con líneas las palabras que oigas.

| pavor | flaco | vino | flote | brote |
| falda | presa | fino | forro | friso |
| favor | boca | flan | borro | piso |
| baza | fresa | plan | fruta | bruta |

fresa

flan

brote

Pronunciación y ortografía

# Ficha 8 — Los diptongos y los triptongos

**1** [62] Fíjate en los dibujos, especialmente en el espacio azul que está encima de la lengua. Luego, escucha y repite. ¿Notas el movimiento?

1. a, e, i, o, u
2. i, o, e, u, a
3. o, a, i, u, e

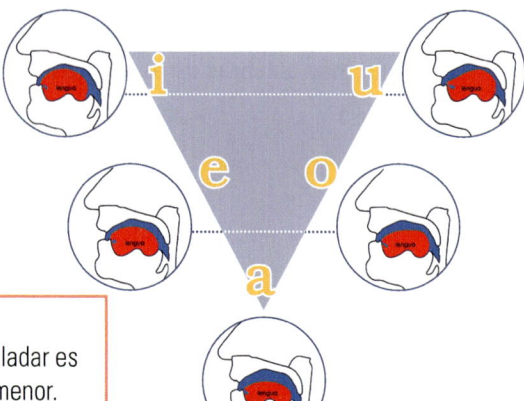

> Fíjate:
> En la vocal /a/ el espacio entre la lengua y el paladar es mayor. En las vocales /e/ y /o/ este espacio es menor. Por último, en las vocales /i/ y /u/ se cierra mucho más.

**2** Con lo que aprendiste, completa el cuadro.

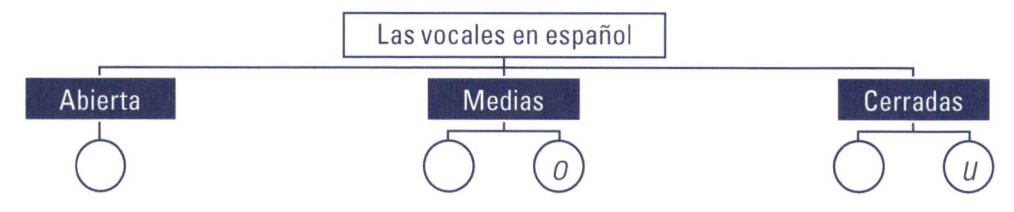

Las vocales en español
- Abierta: ◯
- Medias: ◯ , o
- Cerradas: ◯ , u

**3** Lee el cuadro, escucha la pronunciación de los diptongos y triptongos y completa la información que falta.

### Diptongos y triptongos

- Un **diptongo** es un grupo de dos vocales juntas que se pronuncian en una sola sílaba. Hay tres tipos de diptongos:

  [63]
  – Vocal cerrada + vocal abierta o media: *ia*, ........., ........., ........., .........
  – Vocal abierta o media + vocal cerrada: *ai*, ........., ........., ........., .........
  – Dos vocales cerradas: ........., ..........

- La combinación *ou* es muy rara en español y apenas existen palabras que la contienen, aunque sí se da en uniones de palabras: *proyecto humano*.

- Un **triptongo** es un grupo de tres vocales juntas que se pronuncian en una sola sílaba. El esquema siempre es:

  [64]
  – vocal cerrada + vocal abierta o media + vocal cerrada: *uai, uau*, ........., ........., ........., ........., ..........

- Los diptongos *ai, ei, oi* y los triptongos *uai, uei* se escriben *ay, ey, oy, uay, uey* a final de palabra: *hay, rey, voy, Uruguay, buey*.

**4** [65] Todas estas palabras contienen diptongos y triptongos. Subráyalos y luego escucha y marca las palabras que ya conoces. Elige cinco y escribe con ellas una breve historia.

- miau
- radio
- autora
- buey
- guau
- duermo
- oigo
- cuida
- lengua
- aire
- Paraguay
- reina
- viuda
- Eugenia
- monstruo
- antiguo
- vieira
- boina
- juicio
- aliada
- cuaderno
- idioma
- individuo
- muela
- causa

AP 4 — Pronunciación y ortografía

# Ficha 9 — El hiato

**1** [66] Lee la información del cuadro. Después escucha con atención y marca si los pares de palabras suenan igual (=) o diferente (≠).

### El hiato

- Un **hiato** es un grupo de dos vocales juntas que se pronuncian en sílabas diferentes:
    - aa, ee, ii, oo (dos vocales iguales).
    - ae, ao, ea, eo, oa, oe (dos vocales abiertas o medias distintas).
    - a, e, o + í, ú (vocal abierta o media + vocal cerrada tónica).
    - í, ú + a, e, o (vocal cerrada tónica + vocal abierta o media).
- Las combinaciones *uu* y *o + ú* son muy raras en español y apenas existen palabras que las contienen.

1. ☐ = / ☐ ≠   3. ☐ = / ☐ ≠   5. ☐ = / ☐ ≠
2. ☐ = / ☐ ≠   4. ☐ = / ☐ ≠   6. ☐ = / ☐ ≠

**2** [67] Une con líneas las palabras que oigas de esta serie.

| país | Raúl | zoo | leer | peatón |
| oído | toalla | freír | río | albahaca |
| poseer | alcohol | búho | bacalao | héroe |
| caí | filosofía | ahogo | tía | María |

búho   bacalao   albahaca

**3** [68] Escucha y clasifica las palabras en la columna correspondiente. Si lo necesitas, revisa la ficha 8.

> Fíjate:
> - La *h* intercalada (entre dos vocales) no impide la formación de un hiato o un diptongo.
> - En los **hiatos** se coloca una tilde en la vocal *i* o *u* de la sílaba tónica, independientemente de las reglas generales de acentuación. Por ejemplo, *filosofía* es una palabra llana que termina en vocal. Se acentúa para destacar que es un hiato.

| Diptongo | Triptongo | Hiato |
|---|---|---|
|  |  |  |

Pronunciación y ortografía

# Ficha 10 | Las reglas de acentuación gráfica

**1** **En parejas** Lee las siguientes frases, escritas sin espacios y sin tildes, y separa las sílabas. Compara con tu compañero/a y decidan cuál es la mejor opción.

1. unabolsadepapasfritas
2. lacomputadoraestropeada
3. unabotelladevidrio
4. papeldecocinausado
5. unabolsadetelareciclada
6. elcontenedoramarillo

Recuerda:
- Las palabras están formadas por **sílabas**: *va-li-ja*, *fe-rro-ca-rril*; y estas, por, al menos, una vocal: *a-le-mán*.
- La **sílaba tónica** de una palabra es aquella que se pronuncia con mayor fuerza o énfasis que el resto. Se puede destacar o no con una **tilde**: *tónica/ficha*.

**2** Escucha el siguiente audio y señala la palabra que dicen según la acentuación. Luego crea dos frases con sentido con algunas de esas palabras.
[69]

1. ☐ baile / ☐ bailé
2. ☐ bebe / ☐ bebé
3. ☐ hay / ☐ ahí
4. ☐ corto / ☐ cortó
5. ☐ porque / ☐ por qué
6. ☐ secretaria / ☐ secretaría

Recuerda:
- Las palabras **agudas** tienen el acento en la última sílaba. Llevan tilde si terminan en **n**, **s** o **vocal**: *jar-dín*, *ade-más*, *sofá*.
- Las palabras **llanas** tienen el acento en la penúltima sílaba. Llevan tilde si terminan en una consonante diferente de **n** o **s**: *carácter*, *ángel*, *césped*.
- Las palabras **esdrújulas** tienen el acento en la antepenúltima sílaba. Llevan tilde **siempre**: *América*, *miércoles*, *característica*.
- Hay palabras que llevan un acento **diacrítico**, es decir, palabras que tienen dos o más funciones y que se diferencian por el acento gráfico: *mi* (posesivo)/*mí* (pronombre), *te* (pronombre)/*té* (sustantivo), *aún* (todavía)/*aun* (incluso)...
- Recuerda que un **hiato** es un grupo de dos vocales juntas que se pronuncian en sílabas diferentes. Se coloca una tilde en la vocal *i* o *u* de la sílaba tónica, independientemente de las reglas generales de acentuación: *Raúl*, *día*, *vacío*.

**3** María envió a su tía un correo electrónico con instrucciones para hacer una receta que aprendió en Turquía. Revisa la acentuación gráfica.

**Asunto:** Receta de Turquia

**De:** Maria
**Para:** Sofia

¡Hola, tia! ¿Cómo estas?

Te escribo porque tengo una receta nueva que aprendi en Turquia hace dos dias. Se llama *pilav* y es muy basica. Solo necesitas arróz basmati, agua, mantequilla, sal y cebolleta.

Lava el arroz, remójalo en agua y déjalo 30 minútos como minimo. Despues, calientá mantequilla en una cazuela y añade la cebolleta cortada. Remueve durante unos minutos y añade el arróz. Tienes que echar mas agua. Sigue removiendo. Cuando empiece a hervir, tápalo y espera 8 minutos con el fuego bájo. ¡Si, ya terminaste! Puedes servírlo como acompañamiénto del plató principal.

¡Cuéntame si te gusto!

Abrazos,

Maria.

# Tabla de verbos

## Pretérito

### Verbos regulares

| 1.ª conjugación -AR<br>CANTAR | 2.ª conjugación -ER<br>COMER | 3.ª conjugación -IR<br>VIVIR |
|---|---|---|
| canté | comí | viví |
| cantaste | comiste | viviste |
| cantó | comió | vivió |
| cantamos | comimos | vivimos |
| cantasteis | comisteis | vivisteis |
| cantaron | comieron | vivieron |

### Verbos con cambios gráficos

**• C › QU**

| Buscar | Pescar |
|---|---|
| busqué | pesqué |
| buscaste | pescaste |
| buscó | pescó |
| buscamos | pescamos |
| buscasteis | pescasteis |
| buscaron | pescaron |

**• G › GU**

| Jugar | Pegar |
|---|---|
| jugué | pegué |
| jugaste | pegaste |
| jugó | pegó |
| jugamos | pegamos |
| jugasteis | pegasteis |
| jugaron | pegaron |

**• Z › C**

| Comenzar | Empezar |
|---|---|
| comencé | empecé |
| comenzaste | empezaste |
| comenzó | empezó |
| comenzamos | empezamos |
| comenzasteis | empezasteis |
| comenzaron | empezaron |

## Verbos irregulares

### Verbos irregulares en la raíz verbal

| Andar | Caber | Estar | Haber | Hacer | Poder |
|---|---|---|---|---|---|
| anduve | cupe | estuve | hube | hice | pude |
| anduviste | cupiste | estuviste | hubiste | hiciste | pudiste |
| anduvo | cupo | estuvo | hubo | hizo | pudo |
| anduvimos | cupimos | estuvimos | hubimos | hicimos | pudimos |
| anduvisteis | cupisteis | estuvisteis | hubisteis | hicisteis | pudisteis |
| anduvieron | cupieron | estuvieron | hubieron | hicieron | pudieron |

| Poner | Querer | Saber | Tener | Venir |
|---|---|---|---|---|
| puse | quise | supe | tuve | vine |
| pusiste | quisiste | supiste | tuviste | viniste |
| puso | quiso | supo | tuvo | vino |
| pusimos | quisimos | supimos | tuvimos | vinimos |
| pusisteis | quisisteis | supisteis | tuvisteis | vinisteis |
| pusieron | quisieron | supieron | tuvieron | vinieron |

> **Fíjate:** En este grupo de verbos también cambia el acento habitual del pretérito:
> ~~quisé~~ › quise
> ~~tuvó~~ › tuvo

# Tabla de verbos

Los verbos que tienen *j* en la raíz verbal pierden la *i* en la tercera persona del plural:

| Decir | Producir | Traducir | Traer |
|---|---|---|---|
| dije | produje | traduje | traje |
| dijiste | produjiste | tradujiste | trajiste |
| dijo | produjo | tradujo | trajo |
| dijimos | produjimos | tradujimos | trajimos |
| dijisteis | produjisteis | tradujisteis | trajisteis |
| dijeron | produjeron | tradujeron | trajeron |

**Verbos irregulares en la tercera persona**

- E › I

| Divertirse | Elegir | Impedir | Medir | Mentir | Pedir |
|---|---|---|---|---|---|
| me divertí | elegí | impedí | medí | mentí | pedí |
| te divertiste | elegiste | impediste | mediste | mentiste | pediste |
| se div**i**rtió | el**i**gió | imp**i**dió | m**i**dió | m**i**ntió | p**i**dió |
| nos divertimos | elegimos | impedimos | medimos | mentimos | pedimos |
| os divertisteis | elegisteis | impedisteis | medisteis | mentisteis | pedisteis |
| se div**i**rtieron | el**i**gieron | imp**i**dieron | m**i**dieron | m**i**ntieron | p**i**dieron |

| Reír | Repetir | Seguir | Sentir | Servir | Sonreír |
|---|---|---|---|---|---|
| reí | repetí | seguí | sentí | serví | sonreí |
| reíste | repetiste | seguiste | sentiste | serviste | sonreíste |
| rio | rep**i**tió | s**i**guió | s**i**ntió | s**i**rvió | sonrió |
| reímos | repetimos | seguimos | sentimos | servimos | sonreímos |
| reísteis | repetisteis | seguisteis | sentisteis | servisteis | sonreísteis |
| rieron | rep**i**tieron | s**i**guieron | s**i**ntieron | s**i**rvieron | sonrieron |

☞ Fíjate:
Todos los verbos de este grupo son de la tercera conjugación *(-ir)*.

- O › U

| Dormir | Morir |
|---|---|
| dormí | morí |
| dormiste | moriste |
| d**u**rmió | m**u**rió |
| dormimos | morimos |
| dormisteis | moristeis |
| d**u**rmieron | m**u**rieron |

☞ Fíjate:
Esta irregularidad solo la tienen los verbos *dormir* y *morir*.

- I › Y

| Caer | Concluir | Construir | Contribuir | Creer |
|---|---|---|---|---|
| caí | concluí | construí | contribuí | creí |
| caíste | concluiste | construiste | contribuiste | creíste |
| ca**y**ó | conclu**y**ó | constru**y**ó | contribu**y**ó | cre**y**ó |
| caímos | concluimos | construimos | contribuimos | creímos |
| caísteis | concluisteis | construisteis | contribuisteis | creísteis |
| ca**y**eron | conclu**y**eron | constru**y**eron | contribu**y**eron | cre**y**eron |

| Destruir | Huir | Leer | Oír | Sustituir |
|---|---|---|---|---|
| destruí | hui | leí | oí | sustituí |
| destruiste | huiste | leíste | oíste | sustituiste |
| destru**y**ó | hu**y**ó | le**y**ó | o**y**ó | sustitu**y**ó |
| destruimos | huimos | leímos | oímos | sustituimos |
| destruisteis | huisteis | leísteis | oísteis | sustituisteis |
| destru**y**eron | hu**y**eron | le**y**eron | o**y**eron | sustitu**y**eron |

**Verbos con irregularidades propias**

| Dar | Ir/Ser |
|---|---|
| di | fui |
| diste | fuiste |
| dio | fue |
| dimos | fuimos |
| disteis | fuisteis |
| dieron | fueron |

> Recuerda:
> Las formas de los verbos *ir* y *ser* coinciden en pretérito. Solo se distinguen por el contexto en que aparecen.

## Imperfecto de indicativo

### Verbos regulares

| 1.ª conjugación -AR CANTAR | 2.ª conjugación -ER COMER | 3.ª conjugación -IR VIVIR |
|---|---|---|
| cant**aba** | com**ía** | viv**ía** |
| cant**abas** | com**ías** | viv**ías** |
| cant**aba** | com**ía** | viv**ía** |
| cant**ábamos** | com**íamos** | viv**íamos** |
| cant**abais** | com**íais** | viv**íais** |
| cant**aban** | com**ían** | viv**ían** |

### Verbos irregulares

| Ser | Ir | Ver |
|---|---|---|
| era | iba | veía |
| eras | ibas | veías |
| era | iba | veía |
| éramos | íbamos | veíamos |
| erais | ibais | veíais |
| eran | iban | veían |

## Pretérito perfecto de indicativo

### Verbos regulares

| 1.ª conjugación -AR<br>CANTAR | 2.ª conjugación -ER<br>COMER | 3.ª conjugación -IR<br>VIVIR |
|---|---|---|
| he cantado | he comido | he vivido |
| has cantado | has comido | has vivido |
| ha cantado | ha comido | ha vivido |
| hemos cantado | hemos comido | hemos vivido |
| habéis cantado | habéis comido | habéis vivido |
| han cantado | han comido | han vivido |

### Participios irregulares

| | | | |
|---|---|---|---|
| abrir › **abierto** | escribir › **escrito** | poner › **puesto** | romper › **roto** |
| cubrir › **cubierto** | hacer › **hecho** | prever › **previsto** | satisfacer › **satisfecho** |
| decir › **dicho** | imprimir › **impreso, imprimido** | resolver › **resuelto** | ver › **visto** |
| descubrir › **descubierto** | morir › **muerto** | revolver › **revuelto** | volver › **vuelto** |

## Futuro

### Verbos regulares

| 1.ª conjugación -AR<br>CANTAR | 2.ª conjugación -ER<br>COMER | 3.ª conjugación -IR<br>VIVIR |
|---|---|---|
| cantaré | comeré | viviré |
| cantarás | comerás | vivirás |
| cantará | comerá | vivirá |
| cantaremos | comeremos | viviremos |
| cantaréis | comeréis | viviréis |
| cantarán | comerán | vivirán |

### Verbos irregulares

| Caber | Decir | Haber | Hacer | Poder | Poner |
|---|---|---|---|---|---|
| cabré | diré | habré | haré | podré | pondré |
| cabrás | dirás | habrás | harás | podrás | pondrás |
| cabrá | dirá | habrá | hará | podrá | pondrá |
| cabremos | diremos | habremos | haremos | podremos | pondremos |
| cabréis | diréis | habréis | haréis | podréis | pondréis |
| cabrán | dirán | habrán | harán | podrán | pondrán |

| Querer | Saber | Salir | Tener | Valer | Venir |
|---|---|---|---|---|---|
| querré | sabré | saldré | tendré | valdré | vendré |
| querrás | sabrás | saldrás | tendrás | valdrás | vendrás |
| querrá | sabrá | saldrá | tendrá | valdrá | vendrá |
| querremos | sabremos | saldremos | tendremos | valdremos | vendremos |
| querréis | sabréis | saldréis | tendréis | valdréis | vendréis |
| querrán | sabrán | saldrán | tendrán | valdrán | vendrán |

## Presente de subjuntivo

### Verbos regulares

| 1.ª conjugación -AR CANTAR | 2.ª conjugación -ER COMER | 3.ª conjugación -IR VIVIR |
|---|---|---|
| cante | coma | viva |
| cantes | comas | vivas |
| cante | coma | viva |
| cantemos | comamos | vivamos |
| cantéis | comáis | viváis |
| canten | coman | vivan |

### Verbos irregulares

#### Irregularidades vocálicas

- **E > IE (verbos en -AR y -ER)**

| Comenzar | Otros verbos | Entender | Otros verbos |
|---|---|---|---|
| comience | calentar, cerrar, despertarse, negar, pensar... | entienda | pensar, perder, querer, tender... |
| comiences |  | entiendas |  |
| comience |  | entienda |  |
| comencemos |  | entendamos |  |
| comencéis |  | entendáis |  |
| comiencen |  | entiendan |  |

- **E > IE + E > I (verbos en -IR)**  •  **O > UE (verbos en -AR y -ER)**

| Mentir | Otros verbos | Soñar | Poder | Otros verbos |
|---|---|---|---|---|
| mienta | convertir, divertirse, herir, invertir, sentir, sugerir... | sueñe | pueda | acordarse, acostarse, contar, soler, volver... |
| mientas |  | sueñes | puedas |  |
| mienta |  | sueñe | pueda |  |
| mintamos |  | soñemos | podamos |  |
| mintáis |  | soñéis | podáis |  |
| mientan |  | sueñen | puedan |  |

### • O › UE + O › U

| Dormir | Otros verbos |
|---|---|
| duerma | morir |
| duermas | |
| duerma | |
| durmamos | |
| durmáis | |
| duerman | |

### • U › UE

| Jugar |
|---|
| juegue |
| juegues |
| juegue |
| juguemos |
| juguéis |
| jueguen |

### • E › I

| Pedir | Otros verbos |
|---|---|
| pida | elegir, reírse, |
| pidas | repetir, servir, |
| pida | vestirse... |
| pidamos | |
| pidáis | |
| pidan | |

### • I › Y

| Construir | Otros verbos |
|---|---|
| construya | concluir, |
| construyas | contribuir, |
| construya | destruir, |
| construyamos | huir... |
| construyáis | |
| construyan | |

## Verbos con la primera persona irregular en presente de indicativo

### • Verbos en -ZC- *(conozco, introduzco, obedezco, produzco, traduzco)*

| Conocer | Introducir | Obedecer | Producir | Traducir |
|---|---|---|---|---|
| conozca | introduzca | obedezca | produzca | traduzca |
| conozcas | introduzcas | obedezcas | produzcas | traduzcas |
| conozca | introduzca | obedezca | produzca | traduzca |
| conozcamos | introduzcamos | obedezcamos | produzcamos | traduzcamos |
| conozcáis | introduzcáis | obedezcáis | produzcáis | traduzcáis |
| conozcan | introduzcan | obedezcan | produzcan | traduzcan |

### Otros verbos

agradecer, conducir, crecer, desaparecer, nacer, ofrecer, parecer, reducir...

### • Otros verbos irregulares en la primera persona *(caigo, digo, hago, oigo, pongo, salgo, tengo, traigo, valgo, vengo)*

| Caer | Decir | Hacer | Oír | Poner |
|---|---|---|---|---|
| caiga | diga | haga | oiga | ponga |
| caigas | digas | hagas | oigas | pongas |
| caiga | diga | haga | oiga | ponga |
| caigamos | digamos | hagamos | oigamos | pongamos |
| caigáis | digáis | hagáis | oigáis | pongáis |
| caigan | digan | hagan | oigan | pongan |

| Salir | Tener | Traer | Valer | Venir |
|---|---|---|---|---|
| salga | tenga | traiga | valga | venga |
| salgas | tengas | traigas | valgas | vengas |
| salga | tenga | traiga | valga | venga |
| salgamos | tengamos | traigamos | valgamos | vengamos |
| salgáis | tengáis | traigáis | valgáis | vengáis |
| salgan | tengan | traigan | valgan | vengan |

## Verbos con irregularidades propias

| Haber | Ir | Saber | Ser | Ver |
|---|---|---|---|---|
| haya | vaya | sepa | sea | vea |
| hayas | vayas | sepas | seas | veas |
| haya | vaya | sepa | sea | vea |
| hayamos | vayamos | sepamos | seamos | veamos |
| hayáis | vayáis | sepáis | seáis | veáis |
| hayan | vayan | sepan | sean | vean |

## Verbos con cambios gráficos

| • G > J | • C > Z | • Z > C | • GU > G | • G > GU | • C > QU |
|---|---|---|---|---|---|
| **Recoger** | **Convencer** | **Cazar** | **Distinguir** | **Investigar** | **Tocar** |
| recoja | convenza | cace | distinga | investigue | toque |
| recojas | convenzas | caces | distingas | investigues | toques |
| recoja | convenza | cace | distinga | investigue | toque |
| recojamos | convenzamos | cacemos | distingamos | investiguemos | toquemos |
| recojáis | convenzáis | cacéis | distingáis | investiguéis | toquéis |
| recojan | convenzan | cacen | distingan | investiguen | toquen |

**Dar**
dé
des
dé
demos
deis
den

> Fíjate:
> El verbo *dar* lleva una tilde diacrítica en la primera y tercera personas del singular para que no se confunda con la preposición *de*.

**Estar**
esté
estés
esté
estemos
estéis
estén

> Fíjate:
> El verbo *estar* cambia la sílaba tónica habitual del presente de subjuntivo en todas las personas del singular y la tercera del plural.

# Glosario[1]

## A

| | |
|---|---|
| Abandonar | to abandon |
| Abrazo, el | hug |
| Accidente, el | accident |
| Acelerado/a | accelerated, quick |
| Activista, el/la | activist |
| Actualmente | now |
| Acumular | to accumulate |
| Aditivo, el | additive |
| Afectuoso/a | affectionate |
| Agotado/a | exhausted, used up |
| Agricultura, la | agriculture |
| Agua (mineral), el | water (mineral) |
| Ahorrar | to save (money) |
| Aire, el | air |
| Aislamiento, el | isolation |
| Ajedrez, el | chess |
| Ajo, el | garlic |
| Al cabo de | after |
| Alarmante | alarming |
| Albañilería, la | masonry |
| Albergue, el | hostel |
| Alcalde/alcaldesa, el/la | mayor |
| Alérgico/a | allergic |
| Aliviado/a | relieved |
| Almacenar | to store, stock |
| Almohadilla, la | hashtag |
| Alojarse | to stay |
| Altar, el | altar |
| Altruista | altruistic |
| Amargo/a | bitter |
| Ambiental | environmental |
| Ambiente, el | environment, atmosphere |
| Amenazado/a | threatened |
| Anciano/a, el/la | old person |
| Ángulo, el | angle |
| Animalista | animalistic |
| Anoche | last night |
| Antelación, la | advance (notice) |
| Antier | day before yesterday |
| Antiguo/a | old |
| Antivirus, el | antivirus |
| Apagar | to turn off |
| Aparato, el | apparatus |
| Aplicación, la | application |
| Apodo, el | nickname |
| Aportar | to contribute |
| Aprovechar | to take advantage of |
| Apuntar | to point |
| Apuntarse | to sign up |

| | |
|---|---|
| Arroz, el | rice |
| Asearse | to groom, tidy oneself up |
| Asesorar | to advise |
| Aspecto, el | aspect, appearance |
| Aspiradora, la | vacuum cleaner |
| Asustado/a | scared |
| Avance, el | advance |
| Averiguar | to find out |

## B

| | |
|---|---|
| Balsa, la | raft |
| Banderín, el | pennant |
| Banderola, la | banner |
| Batería, la | battery |
| Beca, la | scholarship |
| Belleza, la | beauty |
| Bello/a | beautiful |
| Bicicleta, la | bicycle |
| Biografía, la | biography |
| Boletín, el | newsletter |
| Bolsa, la | bag |
| Borrar | to erase |
| Bosque, el | forest |
| Botanas, las | snacks |
| Botella, la | bottle |
| Broma, la | joke |
| Bucear | to dive |
| Buceo, el | diving |
| ¡Buen provecho! | Enjoy your meal! |
| ¡Buen viaje! | Have a good trip! |
| Buscador, el | searcher (computer) |
| Buscar | to look for |
| Buzón, el | mailbox |

## C

| | |
|---|---|
| Cabina telefónica, la | telephone booth |
| Caja, la | box |
| Calavera, la | skull |
| Calcular | to calculate |
| Calefacción, la | heating |
| Calidad, la | quality |
| Cálido/a | warm |
| Calma, la | calm |
| Calor, el | heat |
| Calzado, el | footwear |
| Cama, la | bed |
| Cámara, la | camera |
| Campeón/ona, el/la | champion |
| Campeonato, el | championship |
| Campesino/a, el/la | farmer, peasant |

| | |
|---|---|
| Cancha, la | court (sport) |
| Carcajada, la | laughter |
| Carga, la | load (washing machine) |
| Carpintería, la | carpentry |
| Cartel, el | poster |
| Cartón, el | carton, cardboard |
| Casarse | to get married |
| Casco antiguo, el | old town |
| Castillo, el | castle |
| Cautividad, la | captivity |
| Cebolla, la | onion |
| Celebrar | to celebrate |
| Certamen, el | contest |
| Charla, la | talk, chat |
| Chatear | to chat |
| Chavo/a, el/la | boyfriend/girlfriend |
| Chimenea, la | fireplace |
| Chiste, el | joke |
| Chistoso/a | funny |
| Ciclismo, el | cycling |
| Ciclo, el | cycle |
| Ciencia, la | science |
| Circuito, el | circuit |
| Cobija, la | blanket |
| Cobrar | to charge; be paid |
| Coexistir | to coexist |
| Colada, la | laundry |
| Combustible fósil, el | fossil fuel |
| Comercial, el | commercial |
| Compartir | to share |
| Compatriota, el/la | compatriot |
| Competitivo/a | competitive |
| Completo/a | complete |
| Comprometerse | to commit (to a cause) |
| Computadora (portátil), la | computer (laptop) |
| Conceder | to grant, concede |
| Concentración, la | concentration |
| Concienciación, la | awareness |
| Concienciar | to raise awareness |
| Confeccionar | to make |
| Conferencia, la | conference |
| Confuso/a | confused |
| Conservatorio, el | conservatory |
| Consigna, la | watchword, motto |
| Consiguiente | consequent, resultant |
| Consola, la | console |
| Consuelo, el | comfort, relief |
| Consumir | to consume |
| Consumo, el | consumption |
| Contabilidad, la | accounting |

[1] El presente glosario incluye términos que aparecen la lo largo del Libro del estudiante así como en sus audios correspondientes.

|  |  |
|---|---|
| Contaminación, la | pollution |
| Contaminante | pollutant |
| Contaminar | to pollute |
| Contenedor, el | container |
| Contrargumentar | to point out |
| Contrarreloj, la | time trial |
| Contraseña, la | password |
| Contratar | to hire |
| Contribuir | to contribute |
| Convivencia, la | coexistence |
| Copa, la | cup |
| Copiar | to copy |
| Corcho, el | cork |
| Corredor, el | corridor |
| Corriente | current (normal; trend) |
| Cortar | to cut |
| Coser | to sew |
| Cósmico/a | cosmic |
| Costo, el | cost |
| Costumbre, la | custom, habit |
| Costura, la | sewing |
| Crema (ref. al color) | cream (color) |
| Cubo, el | bucket |
| Cuchara, la | spoon |
| Cuchillo, el | knife |
| Cultivar | to cultivate |
| Cumbre, la | summit (world conference) |

## D

|  |  |
|---|---|
| Dado, el | die (for a game) |
| Dañado/a | damaged |
| Dañar | to damage |
| Daño, el | damage |
| Dar miedo | to scare, frighten |
| Datos, los | data |
| De repente | suddenly |
| Deber dinero | to owe money |
| Débil | weak |
| Década, la | decade |
| Decaer | to decay |
| Declarar | to declare |
| Decorar | to decorate |
| Denominar | to name |
| Deportación, la | deportation |
| Deportivo/a | relating to sports |
| Derretimiento, el | melting |
| Desaparecer | to disappear |
| Desarrollarse | to develop |
| Descanso, el | rest |
| Descargar | to download |
| Descomponerse | to decompose |
| Desconectar | to disconnect |
| Desconfianza, la | distrust |

|  |  |
|---|---|
| Desconfiar | to mistrust |
| Descubrimiento, el | discovery |
| Descubrir | to discover, find out |
| Desechable | disposable |
| Desechar | to discard |
| Desecho, el | waste, discard |
| Desertificación, la | desertification |
| Desesperación, la | despair |
| Desfavorecido/a | disadvantaged, underprivileged |
| Desierto, el | desert |
| Desinteresado/a | disinterested |
| Desperdicio, el | waste |
| Desplazarse | to travel |
| Despreocuparse | to be unconcerned |
| Destacar | to highlight, stand out |
| Detectar | to detect |
| Devolución, la | return (policy) |
| Difundir | to spread |
| Dignidad, la | dignity |
| Dinámico/a | dynamic |
| Diplomático/a, el/la | diplomat |
| Discapacidad, personas con | disabled people |
| Disciplina, la | discipline |
| Disco, el | record |
| Discreto/a | discreet |
| Discriminación, la | discrimination |
| Diseñar | to design |
| Diseño, el | design |
| Disfrutar | to enjoy |
| Dispar | disparate, essentially different |
| Dispararse | to shoot up |
| Dispositivo, el | device |
| Diversidad, la | diversity |
| Diversión, la | fun |
| Divertirse | to have fun |
| Doblar | to fold |
| Dominar | to dominate |
| Donar | to donate |
| Donativo, el | donation |
| Dosis, la | dose |
| Drogar(se) | to drug (oneself) |
| Dueño/a, el/la | owner |
| Dulces, los | sweets |
| Duración, la | duration |
| Duro/a | hard, difficult |

## E

|  |  |
|---|---|
| Ecología, la | ecology |
| Ecológico/a | ecological |
| Efecto, el | effect |

|  |  |
|---|---|
| Electrodoméstico, el | home appliance |
| Electrónico/a | electronic |
| Emocionante | exciting |
| Empacar | to pack |
| Empaque, el | packaging |
| Empobrecimiento, el | impoverishment |
| Enamorarse | to fall in love |
| Encargarse | to take charge of |
| Energía, la | energy |
| Engañar | to deceive, cheat |
| Enlace, el | link |
| Ensayo, el | essay |
| Enseguida | right away |
| Enterarse | to find out |
| Entidad, la | entity |
| Entregar | to deliver, turn over |
| Entretenido/a | entertaining |
| Envase, el | container |
| Envejecer | to get older |
| Envejecimiento, el | aging |
| Envío, el | shipping |
| Epidemia, la | epidemic |
| Época, la | epoch, age |
| Equipo, el | team |
| Equivaler | to be equivalent |
| Escenario, el | stage |
| Esfuerzo, el | effort |
| Eslogan, el | slogan |
| Espacial | space (related to) |
| Especie, la | species |
| Espectáculo, el | show, performance |
| Espiritual | spiritual |
| Espléndido/a | splendid |
| Esqueleto, el | skeleton |
| Estancia, la | room (of a house); stay |
| Estar en juego | to be at stake |
| Este, el | East |
| Estrategia, la | strategy |
| Estrella, la | star |
| Estropear | to spoil |
| Etiqueta, la | label |
| Etnia, la | ethnicity |
| Evento, el | event |
| Excepto | except |
| Exclusión social, la | social exclusion |
| Excusa, la | excuse |
| Éxito, el | success |
| Expansión, la | expansion |
| Experiencia, la | experience |
| Expulsar | to expel |
| Extenuante | strenuous |
| Extremo/a | extreme |

## F

| | |
|---|---|
| Fantasma, el | ghost |
| Fantástico/a | fantastic |
| Federación, la | federation |
| Felicitaciones, las | congratulations |
| Festejar | to celebrate |
| Ficha, la | token (of a game) |
| Finalista, el/la | finalist |
| Finalizar | to finalize |
| Físico/a | physical |
| Fluidez, la | fluency |
| Foco, el | focus |
| Fomentar | to foment, support |
| Frecuencia, la | frequency |
| Frío, el | cold (temperature) |
| Frío/a | cold |
| Frontera, la | border |
| Frontón, el | court (sport) |
| Fuerza, la | force |
| Fundar | to found, establish |

## G

| | |
|---|---|
| Ganadería, la | livestock |
| Ganarse la vida | to earn one's living |
| Garantía, la | guarantee |
| Garantizar | to guarantee |
| Gas, con/sin | gas, with/without |
| Gastronomía, la | gastronomy |
| Generar | to generate |
| Generoso/a | generous |
| Gimnasia, la | gymnastics |
| Gimnasio, el | gym |
| Globo, el | globe |
| Goma, la | rubber |
| Gráfico/a | graphic |
| Gratuitamente | free of charge |
| Guardar | to keep |
| Guirnalda, la | garland |
| Guitarra, la | guitar |

## H

| | |
|---|---|
| Habitante, el/la | inhabitant |
| Hábito, el | habit |
| Hacerse una idea de algo | to get an idea of something |
| Heladera, la | refrigerator |
| Helado, el | ice cream |
| Heredar | to inherit |
| Herencia, la | inheritance |
| Hielo, con/sin | ice, with/without |
| Hogar, el | home |
| Hoja, la | leaf (of a plant); sheet (of paper) |

| | |
|---|---|
| Huella, la | footprint, track |
| Hueso, el | bone |
| Huésped, el/la | guest |
| Humanidad, la | humanity |
| Humanitario/a | humanitarian |
| Húmedo/a | humid |

## I

| | |
|---|---|
| Iglesia, la | church |
| Ilusión, la | illusion |
| Impactante | shocking |
| Impacto, el | impact |
| Impartir | to impart |
| Imprenta, la | printing |
| Imprescindible | essential |
| Impresión, la | opinion; impression (printing) |
| Impresionante | impressive |
| Impresora, la | printer |
| Imprimir | to print |
| Impulsar | to boost |
| Impuro/a | impure |
| Inaugurar | to inaugurate |
| Incendio, el | fire |
| Indeciso/a | undecided |
| Indefenso/a | defenseless |
| Indígena (adj.) | indigenous |
| Infancia, la | childhood |
| Infantil | childish |
| Infografía, la | infographic |
| Infusión, la | infusion |
| Ingresar | enter (on the Web) |
| Inhumano/a | inhuman |
| Injusto/a | unfair |
| Inmigrante, el/la | immigrant |
| Inmortalizar | to immortalize |
| Inodoro, el | toilet |
| Insaciable | insatiable |
| Inscribirse | to register |
| Inservible | useless |
| Instrumento, el | instrument |
| Interactivo/a | interactive |
| Interactuar | to interact |
| Intercambio, el | exchange |
| Internauta, el/la | internet user |
| Intérprete, el/la | interpreter |
| Intervención, la | intervention |
| Inundación, la | flood |
| Invento, el | invention |
| Inventor/a, el/la | inventor |
| Invertir | to invest |
| Invierno, el | winter |

## J

| | |
|---|---|
| Jabón, el | soap |
| Jamás | never |
| Jardín, el | garden |
| Jeringa, la | syringe |
| Juez/a, el/la | judge |
| Jurídico/a | legal |
| Justo/a | fair |

## L

| | |
|---|---|
| Lata, la | can |
| Lavamanos, el | sink |
| Lavarropa, el | washing machine |
| Leche, la | milk |
| Lechuga, la | lettuce |
| Lento/a | slow |
| León/leona, el/la | lion/lioness |
| Libre | free (time), outdoor(s) |
| Librero, el | bookshelf, bookstand |
| Licencia, la | license |
| Limpiar | to clean |
| Limpio/a | clean |
| Llorar | to cry |
| Llover | to rain |
| Lluvia, la | rain |
| Local (adj.) | local |
| Localidad, la | locality, area |
| Localizar | to locate, find |
| Lograr | to achieve |
| Longevo/a | longest living |
| Longitud, la | length |
| Luchar | to struggle |
| Lugar, el | place |
| Luminoso/a | bright |
| Luna, la | moon |

## M

| | |
|---|---|
| Maestría | master's degree |
| Mancha, la | stain |
| Mando, el | command |
| Manejar | driving (car) |
| Manipular | to handle, manipulate |
| Mano, tener a | hand, to have on |
| Mantener | to keep, maintain |
| Manzana, la | apple |
| Mar, el | sea |
| Marca, la | brand |
| Matrimonio, el | marriage |
| Medioambiente, el | environment |
| Mediodía, el | noon |
| Medir | to measure |
| Memoria externa, la | external memory |
| Mencionar | to mention |

|  |  |
|---|---|
| ¡Menos mal! | Thank goodness! |
| Mente, la | mind |
| Merecer | to deserve |
| Metrópoli, la | metropolis |
| Mientras | while |
| Misión, la | mission |
| Mochila, la | backpack |
| Modalidad, la | modality |
| Moderar | to moderate |
| Molestar | to disturb |
| Montaña, la | mountain |
| Moraleja, la | moral |
| Morir | to die |
| Motivo, el | reason, motive |
| Mudarse | to move |
| Mundial | world (pertaining to) |
| Mundo, el | world |
| Muro, el | wall |

### N

|  |  |
|---|---|
| Nacer | to be born |
| Naranja, la | orange |
| Naturaleza, la | nature |
| Navegador, el | browser (computer) |
| Navegar | to surf (Web) |
| Negativo/a | negative |
| Negocio, el | business |
| Nevar | to snow |
| Niebla, la | fog |
| Nieve, la | snow |
| ¡No me digas! | Really?, You don't say! |
| Nomás | as soon as |
| Norte, el | North |
| Nota (de una prueba), la | grade (test) |
| Notar | to note |
| Noticia, la | news |
| Novedad, la | novelty |
| Novedoso/a | new |
| Novela, la | novel |
| Novio/a, el/la | boyfriend/girlfriend; groom/bride |
| Nube, la | cloud |
| Nublado/a | cloudy |
| Nunca | never |

### O

|  |  |
|---|---|
| Objetivo, el | objective |
| Océano, el | ocean |
| Oeste, el | West |
| Oferta, la | offer |
| Orden, la | order |
| Orgánico/a | organic |
| Organizar | to organize |
| Orgullo, el | pride |
| Origen, el | origin |
| Orilla, la | shore |
| Otoño, el | autumn |
| Ovación, la | ovation |

### P

|  |  |
|---|---|
| Pagar | to pay |
| Página web, la | Website |
| Página, la | page |
| Paisaje, el | landscape, countryside |
| Paisajístico/a | landscape, country (relating to) |
| Pantalla, la | screen |
| Pantano, el | swamp |
| Pañal, el | diaper |
| Paño, el | cloth |
| Pañuelo, el | handkerchief |
| Papel, el | paper |
| Parchís, el | Parcheesi (game) |
| Pared, la | wall |
| Paseo marítimo, el | promenade |
| Paso, el | step |
| Pasta, la | pasta |
| Patentar | to patent |
| Patriotismo, el | patriotism |
| Pegar | to paste (document) |
| Peligroso/a | dangerous |
| Pelota, la | ball |
| Percusión, la | percussion |
| Pereza, la | sloth |
| Periodo, el | period |
| Permiso, el | permission |
| Personaje, el | character |
| Pesadilla, la | nightmare |
| Pingüino, el | penguin |
| Piscina, la | pool |
| Piso, el | floor |
| Planeta, el | planet |
| Planta, la | plant |
| Plátano, el | banana |
| Plato, el | plate |
| Playa, la | beach |
| Plomería, la | plumbing |
| Poblar | to populate |
| Pobreza, la | poverty |
| Polisémico/a | polysemic |
| Política, la | politics |
| Polución, la | pollution |
| Poner en marcha | to start |
| Portada, la | cover |
| Practicar | to practice |
| Predominar | to predominate |
| Premio, el | prize |
| Prenda, la | garment |
| Prender | to turn on (radio, television) |
| Presencia, la | presence |
| Presenciar | to witness |
| Prestación, la | provision (service) |
| Primavera, la | spring |
| Privacidad, la | privacy |
| Producir | to produce |
| Producto, el | product |
| Profundo/a | deep |
| Programa, el | program (radio, television, computer) |
| Prohibir | to prohibit, ban |
| Prolongarse | to extend, prolong |
| Promesa, la | promise |
| Promocionar | to promote |
| Promover | to promote |
| Propuesta, la | proposal |
| Próspero/a | prosperous |
| Protagonista, el/la | protagonist |
| Proteger(se) | to protect (oneself) |
| Provocar | to provoke |
| Proyectar | to project |
| Prudente | prudent, wise |
| Puente, el | bridge |
| Puerta, la | door |
| Puntualizar | to punctuate |
| Puro, el | pure (tobacco) |

### Q

|  |  |
|---|---|
| ¡Que aproveche! | Enjoy your meal! |
| ¡Qué me dices! | What are you telling me! |
| Quejarse | to complain |
| Queso, el | cheese |
| Quizá(s) | maybe |

### R

|  |  |
|---|---|
| Racionalizar | to rationalize |
| Raro/a | rare |
| Rato, el | a while, time |
| Realizar | to carry out, perform |
| Reaparecer | to reappear |
| Reciclable | recyclable |
| Reciclado/a | recycled |
| Reciclaje, el | recycling |
| Reciclar | to recycle |
| Recomendar | to recommend |
| Recuerdo, el | souvenir, memory |
| Recuperar | to recover |
| Red social, la | social network |

|  |  |
|---|---|
| Reembolso, el | refund |
| Refrescante | refreshing |
| Refresco, el | soda |
| Refugio, el | shelter |
| Regadera, la | shower (bathroom) |
| Regalar | to give a present |
| Regalo, el | gift |
| Registrarse | to check in |
| Regresar | to return (item) |
| Relajante | relaxing |
| Relevancia, la | relevance |
| Remunerado/a | paid |
| Renovable | renewable |
| Reparar | to fix |
| Reprobar | to fail (a subject) |
| Reputación, la | reputation |
| Residuo, el | residue |
| Resistencia, la | resistance |
| Respiración, la | breathing |
| Respirar | to breathe |
| Restaurar | to restore |
| Resurrección, la | resurrection |
| Retener | to hold back |
| Retribución, la | retribution |
| Reunificación | reunification |
| Reutilizar | to reuse |
| Revalorizar | to revalue |
| Rincón, el | corner |
| Ritmo, el | rhythm |
| Robar | to steal, rob |
| Rogar | to ask; pray |
| Ropa de cama, la | bedding |
| Ruidoso/a | noisy |
| Rumbo, el | course, direction |
| Rural | rural |

## S

|  |  |
|---|---|
| Sábana, la | sheet |
| Sabroso/a | tasty |
| Sagrado/a | sacred |
| Sala, la | room |
| Salud, la | health |
| Saludable | healthy |
| Salvavidas, el | lifesaver, lifeguard |
| Sano/a | healthy |
| Satisfecho/a | satisfied |
| Sección, la | section |
| Seco/a | dry |
| Seda, la | silk |
| Seguidor/a, el/la | follower |
| Semilla, la | seed |
| Separar | to pull apart, separate |
| Sequía, la | drought |
| Serie, la | series |
| Servicio, el | service |
| Servilleta, la | napkin |
| Sigla, la | acronym |
| Siglo, el | century |
| Síntesis, la | synthesis |
| Sitio web, el | Website |
| Sociedad, la | society |
| Socio/a, el/la | partner |
| Sol, el | sun |
| Soledad, la | loneliness |
| Solidaridad, la | solidarity |
| Solidario/a | solidary |
| Solitario/a | lonely |
| Solo/a | only; alone |
| Sombrero, el | hat |
| Son, el | sound |
| Sonreír | to smile |
| Sonrojarse | to blush |
| Sorprender | to surprise |
| Sostener | to hold |
| Sostenible | sustainable |
| Suave | gentle |
| Subir | upload (online) |
| Suceso, el | event |
| Suciedad, la | dirt |
| Sucio/a | dirty |
| Suerte, la | luck |
| Sufrir | to suffer |
| Suplicar | to supplicate, ask |
| Sur, el | South |
| Surgir | to arise |

## T

|  |  |
|---|---|
| Tablero, el | board (game) |
| Tabú, el | taboo |
| Taparse | to cover up |
| Tapón, el | plug |
| Taza, la | cup, mug |
| Techo, el | roof |
| Teclado, el | keyboard |
| Tejido, el | tissue; material |
| Templado/a | temperate |
| Tenedor, el | fork |
| Tener (algo) a mano | to have (something) at hand |
| Tener (muchas) ganas de | to (really) want to |
| Tener cuidado | to be careful |
| Tener en común | to have in common |
| Tener precaución | to be cautious |
| Terrestre | land (pertaining to) |
| Tierra, la | Earth (planet); land (to cultivate) |
| Tina, la | tub (bathroom) |
| Tirar | to throw |
| Titular, el | headline (newspaper) |
| Toalla, la | towel |
| Tocar | to play (musical instrument); be one's turn |
| Tolerante | tolerant |
| Toma (de decisiones), la | making (of decisions) |
| Tomar en cuenta | to take into account |
| Tomar notas | to take notes |
| Tomar precauciones | to take precautions |
| Tonificarse | to get toned, in shape |
| Tormenta, la | storm |
| Traductor/a, el/la | translator |
| Transparencia, la | transparency, clarity |
| Trozo, el | piece, chunk |

## U

|  |  |
|---|---|
| Uso, el | use |
| Usuario/a, el/la | user |
| Utensilio, el | utensil |
| Utópico/a | utopian |

## V

|  |  |
|---|---|
| Vanguardismo, el | avant-garde |
| Vaso, el | glass |
| Vegetariano/a | vegetarian |
| Vendedor/a (ambulante), el/la | vendor (itinerant) |
| Ventilar | to ventilate |
| Verano, el | summer |
| Verdura, la | vegetable |
| Vergüenza, la | shame |
| Videojuego, el | video game |
| Vidrio, el | glass |
| Viento, el | wind |
| Vinculado/a | linked to |
| Visita, la | visit |
| Visitar | to visit |
| Visual | visual |
| Voluntariado, el | volunteering |

## Y

|  |  |
|---|---|
| Yoga, el | yoga |
| Yogur, el | yogurt |

## Z

|  |  |
|---|---|
| Zanahoria, la | carrot |
| Zurdo/a | left-handed |